住建领域"十三五"热点培训教材

数字化城市管理实用手册

温军燕　编著

中国建筑工业出版社

图书在版编目（CIP）数据

数字化城市管理实用手册／温军燕编著 . —北京：中国建筑工业出版社，2017.4

住建领域"十三五"热点培训教材

ISBN 978-7-112-20421-2

Ⅰ.①数… Ⅱ.①温… Ⅲ.①数字技术—应用—城市管理—中国—技术培训—教材 Ⅳ.①F299.23-39

中国版本图书馆CIP数据核字（2017）第029988号

本书主要包含以下内容：数字化城市管理概述，城市管理基础知识，数字化城市管理信息系统基础知识，信息采集员、受理员、派遣员、值班长、指挥长等人员工作内容及标准，立、结案规范及常见问题案例。本书实用性强，适合城市管理人员参考使用。

责任编辑：朱首明 李 明 李 阳 张晨曦
责任校对：李欣慰 张 颖

住建领域"十三五"热点培训教材
数字化城市管理实用手册
温军燕 编著

*

中国建筑工业出版社出版、发行（北京海淀三里河路9号）
各地新华书店、建筑书店经销
北京京点图文设计有限公司制版
北京云浩印刷有限责任公司印刷

*

开本：787×1092毫米 1/16 印张：17¾ 字 数：299千字
2017年5月第一版 2017年5月第一次印刷
定价：43.00元
ISBN 978-7-112-20421-2
（29948）

版权所有 翻印必究
如有印装质量问题，可寄本社退换
（邮政编码 100037）

前言 PREFACE

数字化城市管理（简称"数字城管"）是现代信息技术与城市管理发展理念相结合的城市管理方法和手段。数字城管经过十年的建设运行，通过不断创新体制机制、完善标准体系，加强应急能力，提高服务水平，实现了城市管理科学化、综合化、精细化，使得城市管理水平得到极大提升。

本教材注重结合数字城管行业实际工作情况，体现数字城管行业操作人员特点，重点突出操作技能训练，注重实用与实效，力求文字深入浅出，通俗易懂，图文并茂。本教材符合现行规范、标准和新技术推广要求，是数字城管行业信息采集员、受理员、派遣员、值班长和指挥长等各岗位进行技能培训的必备教材。

本教材分为九章，一、数字化城市管理概述；二、城市管理基础知识；三、数字化城市管理信息系统基础知识；四～八、分别介绍了信息采集员、受理员、派遣员、值班长和指挥长的主要职责和操作流程及要求；九、立、结案规范及常见问题案例的总结。

本教材由杭州数字城管信息处置中心温军燕编著，在编写过程中得到了业内同行的大力支持和帮助，并得到浙江赐泽标准技术咨询有限公司的技术咨询服务，在此特向他们表示感谢。编写过程中难免存在缺点和不足，希望读者批评、指正，以便今后进一步修订，使其不断完善。

目录 CONTENTS

一、数字化城市管理概述 ·· 001

 （一）发展历程 ·· 002
 （二）组成 ·· 004
 （三）主要内容 ·· 007

二、城市管理基础知识 ·· 015

 （一）市政公用设施 ·· 016
 （二）环境卫生 ·· 019
 （三）河道 ·· 021
 （四）道路绿化 ·· 023
 （五）城市照明 ·· 023

三、数字化城市管理信息系统基础知识 ······································ 027

 （一）业务信息系统 ·· 028
 （二）地理信息系统 ·· 036
 （三）数字化城市管理部件 ·· 037
 （四）事件及地下管网数据库 ······································ 039
 （五）数字化城市管理评价系统 ···································· 040
 （六）协同工作网络系统 ·· 046

四、信息采集员 ·· 049

 （一）主要职责 ·· 050

（二）数字采集器介绍 ·· 050
　　（三）操作流程及要求 ·· 070
　　（四）行为规范和服务标准 ·· 075

五、受理员 ··· 077

　　（一）主要职责 ··· 078
　　（二）操作流程及要求 ·· 079
　　（三）行为规范和服务标准 ·· 088

六、派遣员 ··· 089

　　（一）主要职责 ··· 090
　　（二）操作流程及要求 ·· 090
　　（三）行为规范和服务标准 ·· 094

七、值班长 ··· 095

　　（一）主要职责 ··· 096
　　（二）操作流程及要求 ·· 096
　　（三）行为规范和服务标准 ·· 102

八、指挥长 ··· 103

　　（一）主要职责 ··· 104
　　（二）操作流程及要求 ·· 104
　　（三）行为规范和服务标准 ·· 107

九、立、结案规范及常见问题案例 ································ 109

　　（一）立、结案规范 ··· 110
　　（二）常见问题案例 ··· 110

附　录 ··· 115

- 附录 1　事件上报要求 ·· 116
- 附录 2　信息采集评价比率指标 ································ 120
- 附录 3　基本指标说明 ·· 121
- 附录 4　比率指标计算公式 ······································ 123
- 附录 5　绩效评价分类指标 ······································ 124
- 附录 6　区域评价示例 ·· 125
- 附录 7　专业部门与采集公司评价 ···························· 126
- 附录 8　信息采集员、受理员、值班长、派遣员评价示例 ············ 127
- 附录 9　信息采集用语示例 ······································ 129
- 附录 10　立、结案规范 ·· 131

参考文献 ··· 278

一、数字化城市管理概述

（一）发展历程

我国城市现代化进程加速，日新月异的变革为人们带来全新的生活理念，同时也彰显出众多严峻的城市管理问题，因此，加强和改善城市管理的任务就变得紧迫而艰巨。城市建设和管理自城市诞生以来就是人类孜孜不倦所探索的问题，充满了挑战性和创新性。随着现代科技的发展和社会的进步，数字化城市管理新模式日渐兴起，逐渐成为每一个城市管理者所面临的问题。

北京市"东城区网格化城市管理信息系统"，即数字城管新模式的原型系统。2003年5月，"东城区网格化城市管理信息系统"课题组历时17个月的探索和研究，成功研发出数字城管新模式。2004年10月，数字城管新模式的原型系统——"东城区网格化城市管理信息系统"率先应用于北京市东城区。

2005年7月"东城区网格化城市管理信息系统"在城市管理中取得了突出成效，得到了政府有关部门的高度评价。并被建设部确认为"数字化城市管理新模式"，组织在全国城市推广。当月公布了首批南京市鼓楼区、杭州市等十个试点城市（城区），随后公布了三批51座试点城市（城区）。

2005年8月，"城市市政综合监管信息系统"系列行业标准颁布执行。同月，建设部成立了"数字化城市管理新模式推广工作领导小组"，种种举措表明了数字化城管新模式向标准化、规范化的方向进行推广。

2006年3月，在无锡召开的"数字化城市管理新模式推广工作试点城市座谈会"公布了第二批郑州、台州、诸暨等17个试点城市（城区）。

2006年11月，"全国数字化城市管理工作会"召开，会上"扬州模式"得到好评，并被大力推广。会议提出了"2010年，地级市全覆盖，有条件的县级市和县城也要建立起来"的目标，并指出，"发达的沿海省份应该在五年内实现数字化城市管理的全覆盖；中等发达的省份五年内应该完成1/3或1/2试点城市；发展中的省份，推广数字化城市管理取得突破，至少是省会城市、大城市获得推广。"

2007年4月，建设部公布了长沙、乌鲁木齐、白银等第三批共24个试点城市（城区）。建设部办公厅[2007]42号函确立2008～2010年为数字城管全面推广阶段，在全国地级以上城市和条件具备的县级市要全面推广数字化城市管理新模式。

2007年10月1日，建设部颁布实施了《城市市政综合监管信息系统管理部件和事件分类、编码及数据要求》CJ/T 214-2007。同月，第三批数字化城市管理试点城市的培训会议召开，会议向各城市代表宣传了所有试点城市的试点任务，并强调建设工作应首先按照建设部标准规范执行。

2007年12月28日～29日，全国建设工作会议上提到，"继续推广建设系统'12319'服务热线与数字化城市管理相结合的经验，各试点城市年底前要完成数字化城市管理系统的建设并通过验收。"

2008年6月，由数字政通承建的数字城管实施项目已近40个，并累计有10个试点项目已经通过部级验收。

2008年8月，"城市市政综合监管信息系统"系列行业标准《城市市政综合监管信息系统监管数据无线采集设备》CJ/T 293-2008和《城市市政综合监管信息系统绩效评价》CJ/T 292-2008得到颁布执行，标志着数字化城市管理工作的推广和深入。

2009年7月7日，为了进一步规范推广数字城管模式，提升城市综合管理效能，住房和城乡建设部又出台了《数字化城市管理模式建设导则（试行）》建城[2009]119号。这一举措，对推进各地科学建设数字城管，坚持标准，循序渐进起到了很好的引导作用。《城市市政综合监管信息系统 监管案件立案、处置与结案》CJ/T 315-2009的出台，对数字化城管执行手段的提升和运行效果的评估有着重要的指导意义。

目前，数字化城管新模式已经成功运行多年，各试点城市按照试点工作要求和有关标准，积极开展工作，一些非试点城市、城区也开始积极进行数字城管项目前期准备工作，而已经建成的城市（城区）也在继续探索数字城管的拓展升级应用，在全面提升城市综合管理效能等方面取得了明显成效。

（二）组成

数字化城市管理新模式主要是面向城市市政工程和公用设施以及城市的市容环境与环境秩序（含市政公用、道路交通、市容环境、园林绿化、环境保护、建设施工、河道管理、市场监管、街面秩序、房屋建筑等方面）进行监督与管理，是以需求和应用为导向，以万米单元网格为城市管理基本单位，输入城市部件和城市管理相关信息，建立基于万平方米地理网格单元的城市资源和城市基础设施深度整合的数据库群。

数字化城市管理新模式组成：

（1）采用万米单元网格管理法和城市部件、事件管理法相结合的方式。

（2）应用、整合计算技术、网络技术、通信技术、数据库技术、3S（GIS/GPS/RS）等多项数字城市技术。

（3）集十多种功能于一体的城管信息采集器"城管通"及城管信息采集系统。

（4）管理空间细化和管理对象精确定位。

（5）创建城市管理监督中心和指挥中心两个轴心的管理体制。

（6）建立城管信息系统，实现城管信息的实时采集传输，再造城市管理流程，从而实现精确、敏捷、高效、全时段、全方位覆盖的城市管理模式。

（7）实现城市管理体制创新和管理流程再造，建立了对城市管理问题发现、处理、反馈的科学评价体系。

1. 万米单元网格管理法

万米单元网格管理法就是在城市管理中运用网格地图的技术思想，以1万m^2为基本单位，将城区划分成若干个网格状单元，由城市管理采集员对所分管的万米单元实施全时段监控，同时明确各相关部门、单位的责任，从而对管理空间实现分层、分级、全区域、全方位管理。万米单元网格管理法创建了现代城市管理最基本单元网格划分的标准，为城市管理新模式的实施奠定了坚实基础，为城市的管理对象定位到万米单元网格中提供了载体。

一、数字化城市管理概述

（1）网格划分及编码

1）网格划分

数字化城市管理的划分以行政管理单位为基础进行，"区-街-社区"是城市管理最基本的单元，向下再延伸到网格。这种划分方法不但能够适应城市网格化管理的需要，同时能够作为城市社会经济数据普查和统计的基本单元。

根据城市网格化管理的需要，采用不规则的网格划分方法，城市单元网格面积为 10000～20000m^2。其中，旧城区人口较密集，网格划分较小；城乡结合部人口稀疏，划分的网格较大。网格的划分主要依据城市行政区、城市主要道路、水系、山体等进行。

城市内部的网格划分要考虑城市中各种市政管理对象，因此城市市政管理对象、建筑物不能被拆分，否则就会出现管理对象位置的描述有歧义、管理交叉或者管理缺位等现象。同时，考虑管理方便，应使管理者能够快速地抵达现场。此外，城市网格单元内管理对象数量应大致均衡。因此，城市单元网格划分重点考虑以下因素：

①单元网格以社区为基础进行继续划分，不应跨社区分割。

②按照城市中的道路、河流、山体、湖泊、街巷、院落、公共绿地、广场、桥梁、空地等自然地理布局进行划分。

③单位自主管理的独立院落下不再划分网格。

④考虑到城市建筑物、城市市政管理对象的完整性，网格的边界不应穿越建筑物、市政管理对象，并使各单元网格内的市政管理对象的数量大致均衡。

⑤单元网格之间的边界应无缝拼接，不应重叠。

基于以上诸多因素的考虑，按照道路、河流等自然属性以及行政管理区等，实现武汉市"区-街道-社区-单元网格"的多级网格的无缝划分。在城市网格化管理的具体工作中，往往根据信息采集员的数量，把多个单元网格聚合成一个管理区，通过对若干管理区的监督来管理整个城市。在实际工作中，管理区也可视作管理级的网格，如图1-1所示。

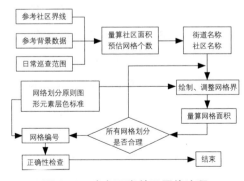

图1-1 确定万米单元网格流程

2）网格编码

数字化城市管理的网格具有层次的特征，其编码应体现这种层次特征，以便于快速地查询某一层次网格的上、下级网格。一个网格在时间和空间定义上应有一个唯一的编码，根据编码可以对单元网格的具体归属、所在位置进行唯一确定。

网格的编码由4部分组成，采用12位数表示，依次是6位市辖区码、2位街道办事处码、2位社区码和2位单元网格顺序码。网格编码如图1-2所示。

图1-2 城市单元网格编码

市辖区码、街道办事处码均按照《中华人民共和国行政区划代码》GB/T2260-2002和《县以下行政区划代码编码规则》GB/T10114-2003执行。社区编码从01～99进行顺序编码。单元网格顺序码按从左到右、从上到下的顺序用数字01～99进行编码。

这种编码方法体现了层次性特征，通过选取网格编码的前几位数，即可得到该网格的上一级网格，计算上非常方便。将单元网格数据存储在数据库中时，通过SQL（结构化查询语言）语句即可提取网格的上级的网格信息。当单元网格中的社会经济数据发生变化时，通过SQL语句的查询累加即可将这种变化实时地传递到其上级网格中去。单元网格变更时，其原代码不占用，新增单元网格按照编码规则进行扩展。

（2）单元网格划分的基本原则

1）法定基础原则：单元网格的划分应基于法定的地形测量数据进行，其比例尺一般以1∶500为宜，但不应小于1∶2000。

2）属地管理原则：单元网格的最大边界为社区的边界，不应跨社区分割。

3）地理布局原则：按照城市中的街巷、院落、公共绿地、广场、桥梁、空地、河流、山丘、湖泊等自然地理布局进行划分。

一、数字化城市管理概述

4）现状管理原则：单位自主管理的独立院落超过 1 万 m^2 时，不应拆分，以单位独立院落为单元进行划分。

5）方便管理原则：按照院落出行习惯，考虑步行或骑车方式，便于到达。

6）管理对象原则：兼顾建筑物、城市市政管理对象的完整性，网格的边界不应穿越建筑物、市政管理对象，并使各单元网格内的市政管理对象的数量大致均衡。

7）无缝拼接原则：单元网格之间的边界应无缝拼接，不应重叠。

2. 城市部件、事件管理法

数字化城市管理是将城市管理工作的基本问题分为部件和事件两大类，分类别处置解决。中心对辖区内井盖、垃圾桶、电话亭等部件和事件进行数字编码，录入系统，在电子地图内进行标注，通过 GPS 卫星定位技术，达到定位准确、发现及时、处置快速的效果。

3. 城管通

"城管通"就是无线数据采集子系统，是数字城管系统的重要组成部分。它是为城市管理采集员对现场信息进行快速采集与传送的子系统。城市管理采集员使用专用的"城管通"终端在所划分的区域内巡查，将城市管理的现场信息快速采集和报送到城市管理监督中心，同时接受监督中心的工作派遣与调度。"城管通"是专业的通信工具，它具备语音呼叫、短信群发、拍照录音、表单填写、地图浏览、数据同步、手机定位等功能，是城市管理采集员日常办公的工具。

（三）主要内容

数字化城市管理是应用现代信息技术，集成地理空间框架数据、万米单元网格数据、管理部件数据、地理编码数据等多种数据资源，综合利用 GIS（地理信息系统）、GPS（全球定位系统）、RS（遥感技术）等多种技术和各类业务平台，形成完整、闭合、互通互联的城市综合管理系统。在此基础上，通过实行新的科学管理方法，使城市管理的区域达到精细化、管理部件的内容数字化、管理事件的处置精确化。实现城市管理由粗放型到集约型的转变，进而全面提高城市管理的效率、质量和水平。换句话说，就是把城市元素都纳入城市信息化管理的范畴，给每样公物配上一个"身份证"，当部件出现问题时，在移动 GPS 定位系统的跟踪搜索下，有关部门就会在第一时间发现并把问题解决掉。

数字化城市管理新模式的主要理论支撑包括：系统论、信息论、控制论、协同论、善治论、敏捷管理理论和可持续发展理论。这些理论在创立新模式以及新模式运行和推广过程中得到了充分的体现。

（1）系统论

新模式运用系统论方法分析、梳理、并重新构造了城市管理系统，理清系统中各要素之间的关系，如指挥轴与监督轴、监督轴与各专业部门之间的关系，通过分析、调整、优化系统，从而使系统呈现整体性、开放性、动态相关性、层次等级性和有序性。各构成要素浑然一体、不可或缺，组成了一个全新的、高效率的城市管理系统。同时，新模式集成多项"数字城市"技术，构建了典型的数字城市信息系统，充分体现了系统论的思想和方法。

（2）信息论

新模式抓住"信息是管理、决策的基础"和"现代化管理、决策系统必须有信息系统功能"这两个要点，把握了信息在信源、信道、信宿间要实现有效沟通这一关键环节，使信息论的思想方法在新模式中得到充分的体现。其方法一是把城市管理系统看做是借助于信息的获取、传送、加工、处理而实现其目的性运动的系统，实现了信息实时输入、信息存储、信息处理、信息输出、信息反馈等功能；二是通过城市管理流程再造，搭建起信息实时传递系统，实现了信息主动准确采集、实时传输、高效存储和处理，极大提高了信息传输效率，基本解决了信息传输中的衰减问题；三是在系统内部引入评价模型和应用信息熵概念，为城市管理新模式实现科学评价提供了保证。

（3）控制论

新模式设置了多重反馈控制机制，包括分区控制、分项控制、预防控制、随机控制等，通过信息的有效传递、交换和处理，使系统输出在动态中达到预期的输出结果，也就是达到了城市管理确定的目标。同时通过分离监督评价和管理处置职能，构成了一个完善的闭环控制系统，城市管理监督中心作为系统的控制中心，依据城市管理的标准，按照城管采集员、市民和媒体等反馈的城市管理信息，对指挥中心和城市管理专业部门进行有效地控制，即对整体指挥处置系统实施总体控制，从而保证了整个新模式系统的有效控制和高效运转。具体到每一种城市部件的位置、数量、属性等信息，都可以悉数获知，对城市管理问题的发现、城市管理问题处理所在环节、已处理的环节、处理的时间、处理结果等信息，也都能及时掌握，反映出城市管理新模式达到了控制论追求的目标。

（4）协同论

协同论为城市管理新模式系统设计提供了优化的方向。从协同论的核心理论——自组织理论出发，将媒体和公众也纳入城市管理系统，通过设置必要的信息通道，使系统内部各子系统之间通过非线性相互作用，产生协同效应，即城市管理信息的采集、任务的派遣、问题的处理等子系统之间，以及子系统内部能够相互协调、共同作用，实现城市管理系统从低级有序状态向高级有序状态的转变。一方面，"两轴"体制的设立为系统协同提供了组织保障，"两个轴心"各司其职、各负其责、相互制约，从制度层面保障了部门间的协同，在城市管理问题处置上，各专业部门统一由城市综合管理委员会派遣调度，减少了管理层级，方便了协调调度，减少了部门间博弈，城市管理监督中心对城市管理问题的主动及时采集、对问题处置情况的准确掌握，有效解决了各专业管理部门间互相推诿的现象，实现了专业管理部门间的有效协同；另一方面，信息化技术的集成应用，为系统协同提供了技术支持，由"城管通"、网站、政府便民热线电话、特殊服务号组成的信息采集系统与数字化城市管理信息平台的信息处理系统，通过有效的技术集成，为城市管理新模式系统协同提供了有力的技术保障。通过建立对区域、部门和岗位的科学有效的评价体系和相应的激励约束机制，为系统协同提供了机制保障。

（5）善治论

新模式中充分体现了"善治"的思想。新模式通过城市管理特服号、政府便民热线电话、政府门户网站接受市民城市管理问题的举报，问题解决之后给予答复；通过市民参与城市管理状况评价和发布城市管理状况评价结果，接受市民群众和新闻媒体的监督；通过城市管理监督中心和指挥中心向市民开放，使市民了解城市管理新模式的全流程等措施，实现市民对城市管理的广泛参与，落实了"人民城市人民管"，使区域社会公共利益趋于最大化，建立了人本的、法治的、高效的城市管理系统。

（6）敏捷管理理论

高效能管理城市必须树立敏捷管理的理念，将以往城市管理中被动管理改变为主动管理。这种理念的确立，集中体现在对全区域实施全时段的管理控制。新模式通过对管理对象进行精确描述、对管理信息进行精确的采集、对管理活动进行精确的监控，以保证管理活动做到快速反应。从而实现对全区域实施全时段的高效能管理。

（7）可持续发展理论

新模式以可持续发展理念为基础，从提高城市资源的使用效率出发，选择有效的管理手段，提高城市可持续发展的能力，推动城市可持续发展。新模式从解决管理效率低入手，以技术创新带动体制、机制创新，带来了巡查成本的节约、车辆的节约、管理对象的节约和人力成本的节约。新模式从狭义的城市管理出发，经过实践和多个城市的推广应用，向多领域拓展，这种拓展将带来城市管理水平的进一步提高，促进人与自然的和谐发展，促进区域经济社会的可持续发展。同时新模式的建立一定程度上缓解了劳动就业压力，引发新产业的诞生，产生了良好的社会效益、生态效益和巨大的经济效益。经初步测算，如果在全国范围推广城市管理新模式，每年可以节约费用约3500亿元，并解决"4050"人员就业300多万人。

1. 地理空间框架

（1）构成

地理空间框架是基础地理信息资源及其采集获取、加工处理、存储管理、分发服务所涉及的政策、法规、标准、技术、设施、机制和人力资源的总称，是以公共服务为导向的空间信息基础设施，由基础地理信息数据体系、数据目录与交换体系、政策法规和标准体系、组织运行体系和公共服务体系等构成。如图1-3所示。

一、数字化城市管理概述

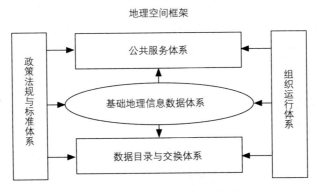

图 1-3 地理空间框架的构成

地理空间框架与基础地理信息数据库、地理信息公共平台之间的关联关系如图 1-4 所示，基础地理信息数据库和地理信息公共平台互为补充、同为地理空间框架的重要组成。

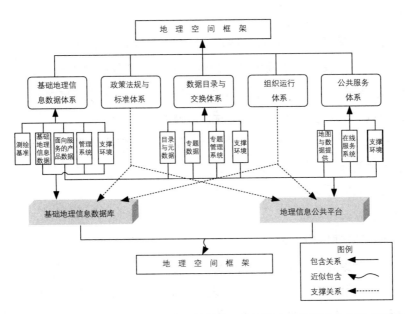

图 1-4 地理空间框架与基础地理信息数据库、地理信息公共平台之间的关联关系

（2）地理空间框架分级

地理空间框架分为国家、省区和市（县）三级。数字省区和数字市（县）地理空间框架是数字中国地理空间框架的有机组成部分，与数字中国地理

空间框架在总体结构、标准体系、网络体系和运行平台等方面是统一而密不可分的。地理空间框架应实现国家、省区和市（县）三级之间的纵向连通，对于数字省区和数字市（县）地理空间框架，还应实现与相邻区域的横向连通。

（3）地理空间框架政策法规与标准体系

1）政策法规

地理空间框架建设与应用须遵守国家统一制定的基础地理信息分级分类管理、使用权限管理、交换与共享、开发应用、知识产权保护和安全保密等方面的政策法规。各省区和市（县）可根据地方实际情况，在以下三个方面制定政策法规作适当补充：

①保障地理信息公共平台的权威性和唯一性的政策法规。

②基础地理信息资源开发利用及其财政投入立项的统一管理和审批办法。

③需要制定的其他有关政策法规。

2）标准体系

地理空间框架建设与应用须执行正式颁布的有关要素内容、数据采集、数据建库、产品模式、交换服务、质量控制和安全保密处理等方面的国家标准、行业标准和标准化指导性技术文件。各省区和市（县）根据地方实际情况，确有必要制定地方性标准作为补充时，应遵照以下要求：

①同现行国家标准、行业标准和标准化指导性技术文件协调一致。

②符合测绘与地理信息标准体系。

③按要求向国家有关行政主管部门备案。

（4）组织运行体系

1）组织协调机构

在国家测绘行政主管部门的指导下，成立地理空间框架建设与应用的组织协调机构，组织地理空间框架的建设实施，建立健全更新与维护的长效机制，推动地理空间框架的共享、应用与服务。

2）运行维护机构

依托测绘部门，成立地理空间框架运行与维护的专门机构，提高技术人员的知识水平和专业技能，落实地理空间框架更新计划，及时解决地理空间框架运行中的问题，保证地理空间框架的持续更新和长期服务。

2. 地理编码信息数据

地理编码信息数据包括大地测量数据、数字线划图数据、数字正射影像数据、数字高程模型数据和数字栅格地图数据。地理编码数据库流程如图1-5所示。大地测量数据包括三角（导线）测量成果、水准测量成果、重力测量成果以及GPS测量成果等；数字线划图数据包括测量控制点、水系、居民地、设施、交通、管线、境界与政区、地貌、植被与土质等要素层，比例尺系列应为1∶1000000、1∶250000、1∶50000、1∶10000、1∶5000、1∶2000、1∶1000和1∶500；数字正射影像数据包括航空摄影影像和航天遥感影像，可以为全色的、彩色的或多光谱的，按地面分辨率分为30m、15m、5m、2.5m、1m、0.5m和0.2m等；数字高程模型数据包括地面规则格网点、特征点数据及边界线数据等，按格网间距分为1000m、100m、25m、12.5m、5m和2.5m等；数字栅格地图数据包括通过地形图扫描和数字线划图转换形成的数据，比例尺系列应为1∶1000000、1∶250000、1∶50000、1∶10000、1∶5000、1∶2000、1∶1000和1∶500。

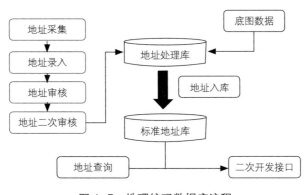

图1-5 地理编码数据库流程

地理编码通过规范化地点描述及建立基本地点名称与地理坐标的联系来实现。基本地点名称是用于地理编码的最小地点描述单元；基本地点名称类型可分为行政区域地名、地片与小区地名、街巷地名、门（楼）牌地址、标志物地址、兴趣点地址等，可依据城市具体情况而定；基本地点名称与地理坐标的联系应通过地点空间数据来建立，用于实现地理编码的地点空间数据应包含基本地点名称信息和相应的位置点坐标信息；规范化的地点描述应通过基本地点名称及其组合实现。

二、城市管理基础知识

（一）市政公用设施

主要是指由政府、法人或公民出资建造的公共设施，一般指规划区内的各种建筑物、构筑物、设备等。包括城市道路（含桥梁）、城市轨道交通、供水、排水、燃气、热力、园林绿化、环境卫生、道路照明、工业垃圾及医疗垃圾处理、生活垃圾处理等设施及附属设施。

1. 设施内容

（1）城市道路及附属设施

城市机动车道、非机动车道、人行道、公共停车场、广场、管线走廊和安全通道、路肩、护栏、街路标牌、道路建设及道路绿化控制的用地及道路的其他附属设施。

1）城市道路概念：行人步行和车辆行驶用地统称为道路。道路按照它所处的地区不同，可以分为很多类型：如公路、城市道路、林区道路、工业区道路、农村道路等。但根据他们的不同组成和功能特点，分为两类：公路与城市道路。位于城市郊区及城市以外的道路，称为公路；在城市规划区范围内的道路称为城市道路。因而，城市道路与公路是以城市规划区的边线作为分界线。城市规划区以外的进出口道路作为过渡段，过渡段道路不属于城市道路。

城市的生产、供应、服务，居民的工作出行、生活出行和交通运输都依靠道路来完成。

2）城市道路功能：城市街道和道路网是城市交通非常重要的组成部分，也是城市制定规划和城市建设总体不可分割的重要组成部分。评价一条道路的好坏，不仅要看它本身的设计质量和使用效果如何，而且更重要的是要看这条道路在整个道路系统中所起的作用，以及它对促进城市建设的发展所起的效果如何。

3）城市道路网（又称城市道路系统）是所有城市道路组成的统称。根据道路在所在城市的道路系统中的地位、交通功能、沿线建筑物及车辆和行人进出的服务频率，城市道路划分为快速路、主干路、次干路、支路、街坊路。道路分类也是决定道路宽度和几何设计标准的主要依据。

4）城市道路的组成

①车行道：供各种车辆行驶的路面部分。可分为机动车道和非机动车道。供带有动力装置的车辆（大小汽车、电车、摩托车等）行驶为机动车道，供无动力装置的车辆（自行车、三轮车等）行驶的为非机动车道。

②人行道：人群步行的道路。包括地下人行通道和人行天桥。

③分隔带（隔离带）：是安全防护的隔离设施。防止车辆越道逆行的分隔带设置在道路中线位置，将左右或上下行车道分开，成为中央分隔带。

④排水设施：包括用于收集路面雨水的平式或立式雨水口（进水口）、支管、窨井等。

⑤交通辅助性设施：为组织指挥交通和保障维护交通安全而设置的辅助性设施，如信号灯、标志牌、安全岛、道路花坛、护栏、人行横道线（斑马线）分车道线及临时停车场和公共交通车辆停靠站等。

⑥街面设施：为城市公用事业服务的照明灯柱、架空电线杆、消火栓、邮政信箱、清洁箱等。

⑦地下设施：为城市公用事业服务的给水管、污水管、煤气管、通信电缆、电力电缆等。

（2）城市公共娱乐设施

公园、公共活动场所、运动场所及其他附属设施。

（3）城市桥涵及其设施

城市桥梁、隧道、涵洞、立交桥、过街人行桥、地下通道及其他附属设施。

（4）城市排水设施

城市雨水管道、污水管道、雨水污水合流管道、排水河道、沟渠、泵站、污水处理厂及其他附属设施。如图 2-1 所示。

（5）城市防洪设施

城市防洪堤岸、河坝、防洪墙、排涝泵站、排洪道及其他附属设施。如图 2-2 所示。

（6）城市道路照明设施：

城市道路、桥梁、地下通道、广场、公共绿地、景点等处的照明设施。

（7）城市建设公用设施

城市供水、供气（煤气、天然气、石油液化气）、集中供热的管网、城市公共交通的供电线路及其他附属设施。

图 2-1　污水管道　　　　　　　　图 2-2　河坝

（8）城市生活垃圾处理设施

城市生活垃圾（包括粪便）清扫、收集、转运、处置、卫生填埋或焚烧发电的设施。如图 2-3、2-4 所示。

（9）城市文明建设设施

城市户外公益广告宣传栏、公益活动场所。

图 2-3　垃圾收集池

图 2-4　垃圾破碎站

2. 相关标准

市政设施建设和管理应遵守国家和地方相关法规和标准。如《浙江省城市道路管理办法》、《杭州市市政设施管理条例》、《杭州市户外广告设施和招牌指示牌管理条例》等。

（二）环境卫生

1. 环境卫生内容

环境卫生是指城市空间环境的卫生。主要包括城市街巷、道路、公共场所、水域等区域的环境整洁，城市垃圾、粪便等生活废弃物收集、清除、运输、中转、处理、处置、综合利用，城市环境卫生设施规划、建设等。

环境卫生涉及地方病防治、环境保护、城乡建设、住宅建筑规划、市政工程、城市清扫和废弃物处理、市容管理、交通噪声管理、园林绿化、城乡给水和排水工程、工业废弃物排放管理、公共场所和服务行业卫生管理、个人在公共场所的卫生行为等很多方面。由于环境卫生涉及面较广，因此它属于一门多学科性、多专业性的学科。

环境卫生研究的内容有以下几个方面：空气卫生、饮用水卫生、土壤卫生、住宅卫生与居民区规划、公共场所卫生。公共场所卫生对于预防疾病、保护人体健康十分重要。公共场所一般指：旅店、影剧院、公共浴室、理发馆、舞厅、音乐茶座、展览馆、博物馆、图书馆、体育场（馆）、商场、候车（机、船）室、游泳池等。公共场所的卫生条件主要指：室内空气、水质、微小气候（温度、湿度、风速）、采光、照明、噪声、顾客用具和卫生设施等卫生状况。

2. 市容基本要求

（1）认真执行国家有关市容和环卫管理法规，制定出适合本市市容、环卫监督管理的规章制度。市容环卫机构健全，环卫经费落实。有城市垃圾粪便无害化处理的中、长期规划，垃圾粪便处理技术档案齐全（包括处理场建设立项、工程可行性研究、环境影响评价、卫生监测和运行管理等文件资料）。

（2）环卫设施设备完好率大于等于98%，做到定期清扫保洁、消杀、周围整洁无蝇蛆；清扫保洁率达100%，做到夜间清扫，白天保洁；质量良好，其中城区机械化清扫率不低于10%；城区垃圾容器封闭，垃圾收集运输密闭化（不遗洒、不滴漏），定时定点收运，日产日清，清运率达100%。粪便及时清运，运输车辆车容整洁，密闭化运输，不污染道路。

（3）垃圾粪便处理场（厂）的建设和管理应符合《生活垃圾卫生填埋场运行维护技术规程》CJJ 93-2011、《粪便无害化卫生要求》GB 7959-2012、《粪便处理厂设计规范》CJJ 64-2009、《城镇垃圾农用控制标准》GB 8172-1987、《生活垃圾填埋场污染控制标准》GB 16889-2008等现行标准。城市垃圾无害化处理率大于等于80%（处理方式：卫生填埋、高温堆肥、焚烧或垃圾综合处理）。城市粪便无害化处理率大于等于70%（处理方式：厌氧消化、三格化粪池、密封贮存池、垃圾粪便混合高温堆肥和集中式粪便处理厂）。积极开展垃圾分类收集、垃圾减量化和资源综合利用工作。

（4）按照《城市公共厕所设计标准》CJJ 14-2005及《城市公共厕所卫生标准》GB/T 17217-1998要求建设和管理公厕。公厕布局合理、数量足够、管理规范。其中公共汽车首末站、旅游景点、繁华街道、重点地区和大型公共场所周围设置的公厕应不低于二类标准，整个城市二类以上公厕比例不低于10%；北纬35°以北和以南的城市，水冲式公厕普及率分别大于等于30%和70%。

（5）市容环境整洁，街道路面平整，路过沟渠畅通，无污水坑凹，无残墙断壁，无垃圾渣土暴露，无乱搭乱建、乱堆乱放、乱设摊点、乱挂衣物、乱写、乱画、乱贴及随地吐痰现象；沿街单位门前"三包"环境卫生责任制落实；沿街标语、广告、门牌、门匾设置合理，图案规范完整；临街楼房阳台整洁、封闭规范；积极推行灯光亮化工程，沿街电信线路暴露少；城区无卫生死角，无违章饲养畜禽。

（6）城市绿化美化达标，建成区绿化覆盖率大于等于30%，人均绿地面积大于等于$5m^2$，城区街道有花、草、行道树，基本消除裸露地面，主要街道有适量的街头绿化美化景点，建成一批花园式单位。

（7）集贸市场管理规范，卫生制度落实。商品划行归市，摊位摆放整齐，从业人员自身卫生管理好；设有专兼职卫生管理、保洁人员，给水、排水设施完善，环卫设施齐全，有符合卫生要求的公厕和垃圾站；经营食品的摊位严格执行食品卫生法的有关规定。严禁无证、占道经营。

（8）建筑工地管理组织健全，卫生制度落实。施工场地设置隔离护栏（高度不低于1.8m），工地清洁，物料堆放整齐；车辆运输无遗洒、滴漏；职工食堂符合卫生要求；工地设置的临时厕所经常保持清洁。抽查对象：主次干道、小街小巷、垃圾站、公厕、集贸市场、建筑工地、城乡结合部、垃圾与粪便处理场等。

3. 相关标准

相关标准按照国家和地方相关法规和标准执行。如《杭州市城市市容和环境卫生管理条例》适用于杭州市行政区域范围内实行城市化管理的地区，用于加强城市市容和环境卫生管理，创造整洁、优美、文明的城市环境。

（三）河道

河道是指能接纳一定面积汇流，并具有行洪过水能力的天然的或人工的水流通道。

1. 河道的管理

（1）管理范围

河流由河源、上游、中游、下游、河口五个部分组成。纵向管理范围理应包括整个河流基线长度。左右岸的管理范围分为两种情况：

1）有堤防或护岸的河道，其管理范围为两岸堤防或护岸之间的水域、沙洲、滩地、行洪区和两岸堤防及护堤地、护岸地。

2）无堤防的河道，其管理范围为历史最高洪水位或设计洪水位之间的水域、沙洲、滩地和行洪区。

（2）管理内容

水行政主管部门对河道进行具体管理包括兴利除害与保护对河道管理范围内的土地使用实施管理，有利于河道开发利用与保护同步、防害与兴利并举，保持河道的社会公益性。同时《河道管理条例》、《水法》、《防洪法》还规定了在河道管理范围内从事沿河城镇土地利用规划，资源钻探、开采、挖掘，修建建筑物、构筑物及其他设施，弃置砂石淤泥等物，排污口设置与扩大等活动都必须事先征求水行政主管部门意见或审批。根据法律法规规定，修建开发水利、防治水害、整治河道的各类水工程和跨河、穿河、穿堤、临河的桥梁、码头、道路、渡口、管道、缆线等建筑物及设施，建设单位必须按照河道管理权限，将工程建设方案报送水行政主管部门审批同意后，方可按照基本建设程序履行审批手续。同时，开发建设项目涉及到河道排洪、水环境建设等水利方面问题，水行政主管部门要积极参与计划、规划、环保、市政、土地等部门组织的可行性论证、设计审查等。

（3）管理方式

河道管理应首先明确河级划分。目前，我国将河道分为五级，以流域面积为基本指标，以影响耕地、人口、城市、交通、工矿企业状况、可能开发的水力资源量为重要参数。河道分级划分，也是管理权限的划分。其中一、二、三级河道由国家水行政主管部门划定。四、五级河道由省、自治区、直辖市水行政主管部门划定。河道施行统一管理和分级管理：国家水利部和法规授权的流域管理机构管理全国性大江大河的主要河段，省、自治区、直辖市河流的重要河段以及有重要意义和特殊作用的河道；省、自治区、直辖市水行政主管部门管理跨市河流的主要河段及在本地区有重要意义和特殊作用的河道；市水行政主管部门管理跨县（县、市、区）河流的主要河段；县级水行政主管部门一般管理四、五级河道。

2. 相关标准

相关标准按照国家和地方相关法规和标准执行。如《浙江省河道管理条例》适用于浙江省行政区域内河道（包括江河、溪流、湖泊、人工水道、行洪区，下同）的规划、建设、保护和管理等活动。

（四）道路绿化

1. 道路绿化概述

道路绿化主要是指在道路两旁及分隔带内的栽植树木、花草、雕塑以及护路林等。

道路绿化的目的：隔绝噪音、净化空气、美化环境，改善交通环境，降低司机驾驶疲劳感，规划交通的标志。

2. 相关标准

相关标准按照国家和地方相关法规和标准执行。如《浙江省城市绿化管理办法》适用于浙江省城市规划区内种植和养护树木花草等城市绿化的规划、建设、保护和管理。

（五）城市照明

1. 城市照明概述

城市照明是指在城市规划区内城市道路、隧道、广场、公园、公共绿地、名胜古迹以及其他建(构)筑物的功能照明或者景观照明。城市照明来源包括：

（1）路灯：广义上指功能性照明，保障出行和户外活动安全为目的。

（2）景观灯：在户外通过人工光以装饰和造景为目的。

（3）店铺招牌：主要指霓虹店牌及使用发光字体的招牌。

灯光照明应与建筑、道路、广场、园林绿化、水域、广告标志等被照明对象及周边环境相协调，并体现被照明对象的特征及功能。灯光照明也应做到节约能源、保护环境，采用高效、节能、美观的照明灯具及光源，避免光污染。

照明灯具和附属设备应妥善隐蔽安装，兼顾夜晚照明及白昼观瞻。灯杆、灯具、配电箱（柜）、景观照明等照明设备和器材应定期维护，并应保持整洁、完好，确保正常运行。

2. 城市照明的管理标准

（1）指标

1）亮灯率：某城市或某区块照明灯具中正常亮灯的数量占该城市或该区块照明灯具总量的百分比。基数为"盏"，一般为98%。

2）完好率：某城市或某区块照明设施中完好的设施数量占该城市或该区块照明设施总量的百分比。灯具灯杆类，电线电缆类，配电专变类，不重复计算。一般为96%。如图2-5所示。

3）清洁度：灯具出光面不应有明显积尘、蛛网和虫尸，擦拭前后照度（或亮度）差不超过30%。除灯具出光面之外的照明设施其他部位，积尘厚度不超过0.5mm。路灯、近人景观灯和配电箱柜等，锈蚀（或油漆剥落）面积不得超过10%，其他非近人照明设施锈蚀（或油漆剥落）面积不超过20%。灯杆、灯架、吊线等受力受压件，以及依附其上的承重螺栓等零部件，锈蚀深度不超过10%，其他非受力零部件，锈蚀深度不超过25%。如图2-6所示。

4）功率密度：单位面积的照明安装功率，路灯 $0.45 \sim 1.25 W/m^2$，景观灯 $0.7 \sim 13.3 W/m^2$。

5）照度均匀度：最小照度与平均照度之比（0.3～0.4）。

6）亮度：指发光体（反光体）表面发光（反光）强弱的物理量。

7）亮度均匀度：最小亮度与平均亮度之比（0.4）。

8）平均半柱面照度：光源在给定的空间一点上的一个假想的半个圆柱面上产生的平均照度。

二、城市管理基础知识

图 2-5 灯杆倾斜

图 2-6 油漆脱落

9）眩光：由于视野中的亮度分布或亮度范围的不适宜，或存在极端的对比，以致引起不舒适感觉或降低观察细部或目标的能力的视觉现象。

10）亮度对比：视野中识别对象和背景的亮度差与背景亮度之比。

11）光污染：指干扰光或过量的光辐射（含可见光、紫外和红外光辐射）对人、生态环境和天文观测等造成的负面影响的总称。目前主要使用垂直照度和发光强度，主要有垂直照度（熄灯前 2～25lx，熄灯后 0～5lx），发光强度（熄灯前 2500～25000cd，熄灯后 0～2500cd），一般投诉使用平均亮度（根据广告面积及环境区域 50～1000cd/m^2）。

（2）一般要求

1）城市照明及其附属设施外观整洁，无破损、倾斜、锈蚀等现象，无不符合规定的附着物体。

2）城市照明设施及其附属设施功能完好，无缺亮现象，无安全隐患。

3）地面照度、均匀度达标，无绿化及其他障碍物遮挡光照。

4）户外广告灯光设施，无缺亮、断亮现象。

5）重大节庆、会展、重要接待等活动或其他临时应急活动期间的亮灯保障安全有序。

6）根据城市照明管理实际，有针对性地进行各类专项检查及整治后的复查工作，确保问题及时整改率达 100%。

7）严格控制公用设施和大型建筑等景观照明能耗，不发生使用强力探照灯和大功率泛光灯等产品的现象。

8）严格控制户外广告及 LED 显示屏的表面亮度，对比度控制在 1：10 以内，不存在眩光现象。

9）功能照明建设"三同时"（与主体工程同时设计，同时竣工验收，同时投入使用），装灯率 100%。

3. 相关标准

相关标准按照国家和地方相关法规和标准执行，如《杭州市夜景灯光设置管理办法（市政府令第 130 号）》适用于杭州市市区范围内的夜景灯光的设置与管理。本办法所称"夜景灯光"，是指采用霓虹灯、轮廓灯、泛光灯等各类电光源，用于美化、装饰、宣传、广告和外部照明的各种灯光。

三、数字化城市管理信息系统基础知识

数字化城市管理信息系统基于计算机软硬件和网络环境，集成地理空间框架数据、单元网格数据、管理部件和事件数据、地理编码数据等多种数据资源，通过多部门信息共享、协同工作，实现对城市市政工程设施、市政公用设施、市容环境与环境秩序等进行监督和管理，对实施监督管理的专业部门进行综合绩效评价的集成化信息系统。

（一）业务信息系统

数字化城市管理业务信息系统可分为问题发现、问题处理、结果评价三个阶段，以及信息收集、案卷建立、任务派遣、任务处理、处理反馈、核查结案和综合评价七个环节。

如图 3-1 所示。

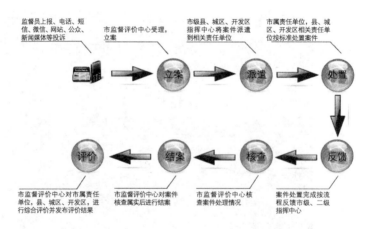

图 3-1　数字化城市管理业务信息系统组成

1. 信息收集登记阶段

主要完成城市管理部件、事件问题的收集、登记工作。

信息收集的主要来源有信息采集员上报、社会公众举报、各相关系统转办、各级领导批办、视频监控、公共媒体曝光、执法人员巡查上报、网站举报和信访转办九种。

三、数字化城市管理信息系统基础知识

如图 3-2 所示。

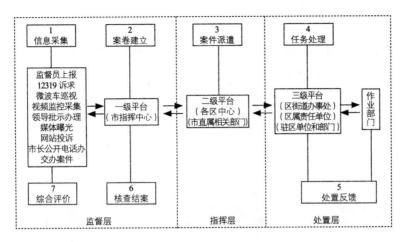

图 3-2 系统操作流程

（1）信息收集

1）信息采集员上报

信息采集员巡查采集是数字城管信息收集的主要来源。

信息采集员每天在管辖的城市单元网格内巡查，可在最短的时间里发现管辖范围内发生的城市管理部件和事件问题，通过"城管通"将事件或部件问题信息（包括表单、录音、现场图片、地图位置等）发送到数字城管监督信息平台。（事件上报要求详见附录1）

如图 3-3 所示。

图 3-3 事件上报

2）社会公众举报

市民、社会各单位、新闻媒体和社会团体等，可通过贴心城管软件、城管专线电话、各级政府公开电话向数字化城市管理监督指挥中心反映和举报所发现的城管问题。社会公众是城市管理工作的主要服务对象。

公众案件上报到区综合指挥中心的呼叫平台，在呼叫平台通过网格化判断后，将属于网格化管理的内容转交城管监督平台进行立案并转发城管指挥平台，如果上报的案件不属于网格化管理的内容则按便民热线业务流程处理。如图3-4所示。

图3-4　贴心城管软件公众举报

3）各相关系统转办

与数字城管联网的各相关信息系统可通过计算机网络将发现的城管问题转发给数字化城市管理监督指挥中心。如图3-5所示。

4）各级领导批办

各级领导可将要求数字城管系统处理的城管问题，直接交办给数字化城市管理监督指挥中心进行处理。

5）视频监控

各级平台可通过安装的视频监控摄像头进行实时监控并采集。

6）公共媒体曝光

各新闻媒体通过报纸、网站和电视新闻等形式曝光所发现的城市管理问题。

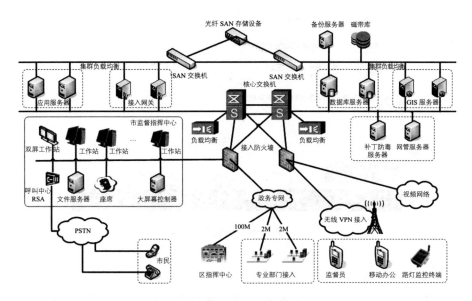

图 3-5　各相关系统转办

7）执法人员巡查上报：执法人员每天在管辖的网格内巡查，通过无线数据采集器"执法通"将城管、执法案件上报到综合指挥中心。

8）网站举报

通过综合指挥中心门户网站反映和举报所发现的城市管理问题。

9）信访转办

通过信访进行转办。

（2）问题登记

对信息采集员上报、各相关系统转办的信息由数字城管系统自动登记，对社会公众举报、领导批办的城管问题由受理员进行手工录入登记。登记内容包括问题来源、事部件类别、大小类、问题状况、案件发生位置等，并定位到相关的地图，标识出该责任网格的信息采集员。

如图 3-6 所示。

图 3-6　问题登记

（3）问题核实

对信息采集员上报以外其他途径来源的城管问题，受理员在完成问题登记后，应向该责任网格的信息采集员发送核实指令，信息采集员根据核实指令到现场进行拍照核实和取证，并将核实后的信息发送到数字城管系统。如图 3-7 所示。

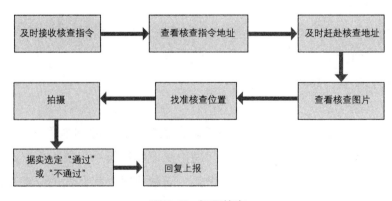

图 3-7　问题核实

2. 立案阶段

市中心对于城管采集员上报、执法采集员上报、视频等主动采集的案件，根据登记的信息和问题进行立案审核判断，符合立案条件的进行立案，对难以判断的问题，上交值班长判断是否立案；对于通过12319呼叫系统、相关部门转办、媒体播发等被动采集的案件，将案件信息传送至案件所属网格采集员，经核查确认后，进行立案。

（1）审核立案

受理员根据收集、核实的问题信息进行立案审核判断。符合立案条件的进行立案，对难以判断的问题，转交值班长进行判断是否立案。

（2）问题不受理

受理员或值班长对不符合立案条件的城管问题不进行受理，并详细填写不受理的原因。对不受理的社会公众举报、各相关系统转办和领导批办问题，通过电话、系统或网站等渠道给予反馈，告知不受理的原因。

3. 任务派遣阶段

任务派遣阶段是指挥工作平台对监督工作平台批转的部件和事件案件进行任务派遣和落实工作。

按照"条块结合，谁主管、谁负责"的工作原则，市城市管理综合指挥中心受理员对于城管采集员上报、执法采集员上报、视频等主动采集且责任权属清晰的案件，通过城市管理综合指挥系统网络，直接将案件处置任务分派到区中心；对于通过12319呼叫系统、相关部门转办、媒体播发等被动采集且现场情况不明、责任权属不清的案件，通过城市管理综合指挥系统网络，将案件信息传送至案件所属网格采集员，经核实确认后，将案件处理任务分派到二级平台、市直属联动部门，并提出任务处理要求；对于重大的突发应急事件，直接派遣到专业管理的处置部门，并派遣到各区中心进行联合处置。无法派遣的跨区域、跨行业重大案件信息应立即反馈给市中心，经市中心审核确认后向有关部门派遣。

（1）直接派遣

对于职责或产权单位明确的部件和事件案件，数字城管系统利用计算机网络，由指挥工作平台直接将案件处理任务分派到各相关专业部门进行处理和解决。

（2）间接派遣

对于职责或产权单位不明确的部件和事件案件，由指挥工作平台进行协调派遣，落实具体处理和解决单位。

（3）重新派遣

指挥信息平台任务派遣错误或专业部门对派遣有异议的，经指挥工作平台协调确认，可以将案件回退指挥工作平台，由指挥信息平台进行重新派遣。

4. 任务处理阶段

（1）按期处理

专业部门按照数字化城市管理监督指挥中心设定的案件处理时限和处理要求进行办理，并按时反馈处理信息。

（2）缓办授权

对于不能按期处理完成的案件，专业部门可向市数字化城市管理监督指挥中心提出缓办申请，陈述缓办理由。中心根据缓办理由和实际情况给予批复。

（3）代处理（代整治）

对于部件和事件的案件职责不明确或产权单位不能处理的，指挥信息平台可协调其他相关单位进行代处理。

5. 处理反馈阶段

专业部门将处理完成的案件结果通过数字城管系统反馈到指挥信息平台，由指挥信息平台进行审核，指挥信息平台对确认完成的案件，将结果反馈到监督信息平台，对未彻底完成的任务进行重新协调和督办。

6. 核查结案阶段

（1）结果核查

对指挥信息平台反馈到监督信息平台的案件处理结果，由受理员向所在责任区域的信息采集员发出核查指令。信息采集员进行现场核查和拍

图 3-8　信息核查

三、数字化城市管理信息系统基础知识

照,将核查情况和照片发回到监督信息平台,由受理员根据案件处理标准、前后照片对比和核查结果三个因素综合判断是否可以结案。如图3-8、图3-9所示。

图3-9　对比核实

（2）任务结案

经信息采集员现场核查后符合结案条件的案件,由受理员、值班长进行结案办理,并将整个案件资料存档。对于不符合结案要求的案件,监督信息平台将案件再次发回指挥信息平台,由指挥信息平台重新协调、派遣和督办。如图3-10所示。

图3-10　城管监督中心结案

（3）协调听证

对难以处理的重大案件由协调小组进行协调。必要时召开听证会，确定解决方案和办法。

7. 综合评价阶段

（1）系统内部评价

数字城管系统根据评价系统的各类评价指标，对系统中每一个岗位、角色、部门的工作业绩进行综合统计和评价。系统评价分析数据和结果可以直观地反映出各部门、岗位、角色的工作状态、工作效率和工作质量，可作为领导的决策依据。

（2）系统外部评价

社会公众、问题上报单位和人员可以通过数字城管公共发布网站，采用投票的方式对数字城管系统各个角色进行评价，评价信息经集中统计后，形成系统外部对数字城管工作的评价结果。

（二）地理信息系统

城市管理地理编码系统是数字城市管理最重要的支撑系统之一，数字城市地理编码技术提供了一种把具有地理位置的信息资源赋予地理坐标，进而可以为计算机所计算的方式。通过地理编码，将城市现有的地址进行空间化、数字化和规范化，在地址名称与地址实际空间位置之间建立起对应关系，实现地址空间的相对定位，可以使城市中的各种数据资源通过地址信息反映到空间位置上来，提高空间信息的可读性，在各种空间范围行政区内达到信息的整合。通过地理编码技术对城市部件进行分类分项管理，最终实现数字化城市管理由盲目到精确，由人工管理到信息管理的转变。

系统主要功能：搜索引擎功能，提供地理编码查询服务的功能；解析自然语言描述的地址信息，进行语法分析和词法分析，并将其转换为标准地址的功能；根据地址字符串，模糊查询地址信息的功能；根据地址字符串，精确查询地址信息的功能；根据地理位置（X，Y）坐标以及搜索半径，查询地址信息的功能；根据部件编号，精确定位部件的（X，Y）坐标及其标准地址信息的功能。如图 3-11 所示。

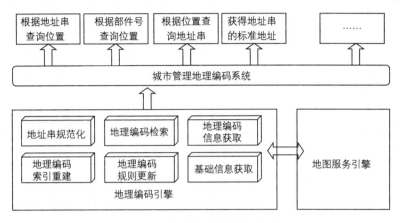

图 3-11　城市管理地理编码系统

（三）数字化城市管理部件

城市市政管理公共区域内的各项设施，包括公用设施类、道路交通类、园林绿化类、房屋土地类的市政工程设施、市容环境类和其他设施等，简称"部件"。如图 3-12 所示。

图 3-12　城市部件实例

（1）公用设施类（主要包括水、电、气、热等各种检查井盖，以及相关公用设施等）。

（2）道路交通类（主要包括停车设施、交通标志设施、公交站亭、立交桥等）。

（3）市容环境类（主要包括公共厕所、垃圾箱、广告牌匾等）。

（4）园林绿化类（主要包括古树名木、绿地、城市雕塑、街头坐椅等）。

（5）房屋土地类（主要包括宣传栏、人防工事、地下室等）。

（6）其他设施类（主要包括重大危险源、工地、水域附属设施等）。

（7）扩展部件类（主要包括综合井盖、减速路挡、通信中转基站、发射塔等）。

根据住建部的《城市市政综合监管信息系统—管理部件和事件分类、编码及数据要求》CJ/T214，城管部件将分为大类和小类。"数字城管"城管部件大类划分为7类：公用设施、道路交通、市容环境、园林绿化、房屋土地、其他设施和扩展部件类。小类划分参照住建部标准执行，在部标的基础上，结合具体地市的实际情况，对城管部件小类进行了调整和扩展。见表3-1。

一般部件分类情况　　　　　　　表3-1

类别	内容
公共设施类	给水井盖、污水井盖、雨水井盖、电力井盖、路灯井盖、通信井盖、电视井盖、网络井盖、热力井盖、燃气井盖、公安井盖、消防井盖、无主井盖、通信交接箱、电力设施、立杆、路灯、景观灯、报刊亭、电话亭、邮筒、信息岗亭、自动售货机、建设设施、公交井盖、输油（气）井盖、特殊井盖、民用水井、高压线铁塔、变压器（箱）等
道路交通类	停车场、公交站台（厅）/出租车站牌、过节天桥、地下通道、高架立交桥、跨河桥、交通标志牌、交通信号灯、交通护栏、存车支架、路名牌、交通信号设施、监控电子眼、交通岗亭等
市容环境类	公共厕所、化粪池、公厕指示牌、垃圾间、垃圾箱、灯箱霓虹灯、广告牌（匾）、环保监测站、气象监测站、污水监测站、噪声显示屏等
园林绿化类	古树名木、行道树、护树设施、花架花钵、绿地、雕塑、街头座椅、喷泉等
房屋土地类	宣传栏、人防工事、公房地下室等
其他设施	重大危险源、工地、水域附属设施、防汛墙等
扩展部件	架空管线、立交桥装饰灯、铁路附属设施、公益广告牌、古城墙、盲点等

城管部件属性由独立属性和公共属性构成。公共属性是指所有城管部件

都必须具有的属性，反映了城管部件的基本信息；独立属性是指各类城管部件特有的属性。公共属性参照住建部标准确定，独立属性结合具体地市的实际情况确定。以上水井盖为例，独立属性一般组成见表3-2。

上水井盖独立属性组成　　　　　　表3-2

序号	属性	序号	属性	序号	属性
1	材质	9	托管单位	17	是否阻碍盲道
2	规格	10	行业监管主体	18	抄告部门
3	用途	11	联系电话	19	第一协调部门
4	产权所属	12	联系人	20	第二协调部门
5	行政责任主体	13	养护巡查周期	21	变更记录
6	管理主体	14	有无身份证牌	22	个数
7	养护单位	15	是否下沉式盖板	—	
8	管理单位	16	维护资金来源		

（四）事件及地下管网数据库

以空间数据库技术、组件式 GIS 技术为支撑对城市地下管网进行全面的管理，建成一套高效的为城市建设管理部门服务的城市地下管网信息管理系统，提供地下管网准确的布局、走向、属性、纵横断面图等信息，充分利用 GIS 空间分析与数学模拟等功能，为各种专业管线的规划设计、优化调度以及事故抢修等提供决策支持。

主要内容有：

（1）地下管网数据采集的方法和数据处理的流程为：了解地下管网数据的特征，结合地下管网的空间分布特征，对地下管网数据进行处理应用，为数据入库打下良好的基础。

（2）地下管网三维模拟、地面实景可视化与空间数据库建设结合地下管网数据的分布特征。利用地理数据模型 **Geodatabase** 来建立城市地下管网信息管理系统管网数据库，实现对地下管网几何数据、属性数据和地面实景数据的一体化管理。

（五）数字化城市管理评价系统

通过"城市管理信息系统"的信息存储和信息查询，实现对历史数据按期或实时的统计，并通过城市管理评价体系数学建模运算品评等级，将其以图形化或表格化的方式显示出来，从而实现完善的数字化城市管理评价体系，可以形成良好的城市管理监督机制。

1. 评价数据要求

（1）基本要求

1）数字城管信息系统应具有按《城市市政综合监管信息系统技术规范》CJJ/T106 规定的建设内容，系统中包含综合评价子系统，其功能满足绩效评价要求。

2）数字城管信息系统应能够准确记录绩效评价需要的案件处置基本信息和数据。

3）用于绩效评价的数据应来源于数字城管信息系统记录的信息。

4）用于区域评价的单元网格数据应符合《城市市政综合监管信息系统—单网格划分与编码规则》CJ/T213 的规定。

5）用于部门评价的管理部件和事件的数据分类编码、专业部门编码应符合《城市市政综合监管信息系统—管理部件和事件分类、编码及数据要求》CJ/T214 的规定。

（2）数据库

1）数字城管信息系统应建立专门数据库，并具有综合统计功能。

2）系统综合统计功能应符合按字段统计要求，并具有分析功能。

（3）评价数据来源

数字城管绩效评价指标来源于四种方式：城管信息系统、日常工作记录、部门互动和专家评审。

（4）评价指标权重

指标权重采用层次分类法计算，根据数据来源分为系统评价和人工统计。各指标权重比率可按各地实际情况做适当调整。

2. 评价内容

（1）评价主体

评价主体是指对评价对象进行评价的实体，可以是人、团体或系统。在本规范中，评价主体主要包括系统、相关领导、社会公众等。

（2）评价对象

1）评价对象应包括管理区域、专业部门、采集公司，以及监督中心和指挥中心的有关工作岗位或流程段。根据评价对象不同，绩效评价分为区域评价、部门评价和岗位评价。

2）区域评价应该按一定周期对行政区、街道（镇）、社区、单元网格等区域进行评价，根据区域评价指标和评价方法要求，由系统生成评价结果。

3）部门评价应该按一定周期对案件处置的专业部门和信息采集的专业公司进行评价，专业部门评价应根据部门评价指标和评价方法要求，由系统生成评价结果；信息采集公司的评价应根据信息采集与核查的评价指标和评价方法要求，由系统和其他可度量的数据生成评价结果。

4）岗位评价应该按照一定周期对信息采集员、受理员、值班长、派遣员等岗位或数字城管流程段进行评价，根据岗位（流程）评价指标和评价方法要求，由系统生成评价结果。

（3）评价周期

1）绩效评价应该按一定周期进行，可以分为日评价、周评价、月度评价、季度评价、半年评价、年度评价等6种。

日评价 —— 即以一个日历日为评价周期来进行评价。

周评价 —— 即以一个星期为评价周期来进行评价。

季度评价 —— 即以一个季度为评价期限来进行评价。

半年评价 —— 即以半年为评价期限来进行评价。

年度评价 —— 即以一年为评价期限来进行评价。

2）可以根据需求自定义周期进行评价，也可对时间设置进行实时评价。

（4）处置期限

1）各城市可按照《浙江省数字化城市管理部件和事件分类与立结案标准》DB33/1059-2008 的规定确定相应案件的处置规范，一个城市内的处置规范应保持一致。

2）数字城管系统应规定对立案、受理、派遣、核查批转、核查、结案等流程段的时间期限。

3）处置规范和流程期限的规定应作为绩效评价的依据。

3. 评价指标

（1）评价指标分类

根据数据来源可将指标分为两大类：A 类指标和 B 类指标。

A 类指标主要是从数字化城市管理信息系统的统计数据中获取，B 类指标主要通过日常工作记录、工作报告等方式获取。

A 类指标可以分为基本指标和比率指标。

基本指标：由城市市政综合监管信息系统运行记录的案件数据汇总生成的单项评价指标。

比率指标：由多个相关基本指标计算生成的反映比率关系的评价指标，以百分数表示。详见附录2。

（2）基本指标

详见附录3。

（3）比率指标

1）比率指标包括有效上报率、信息采集员有效上报率、公众举报率、核实率、按时核实率、按时立案率、按时派遣率、派遣准确率、首次派遣准确率、缓办率、延期率、处置率、按期处置率、超期处置率、挂账率、返工率、驳回率、一次完成率、核查率、按时核查率、结案率、按期结案率、超期结案率、环比率等指标。

2）比率指标的值按照附录4列出的相应计算公式获得。计算公式的分子、分母应按同一评价周期计算。

详见附录4。

4. 评价方法

（1）一般规定

1）绩效评价应采用内评价与外评价相结合的方式。各城市应根据实际情况，确定内评价与外评价在评价结果中所占权重。

2）绩效评价应根据评价对象不同选择相应的所有必选指标，宜根据实际需要选择相应的可选指标。

3）绩效评价也可以按数字城管设置的流程段进行评价。

详见附录5。

（2）区域评价

区域评价是按一定周期对街道、社区、单元网格不同层面的区域进行评价，根据区域评价模型，由系统自动生成评价结果。

区域评价的必选指标为：公众举报、立案数、结案数、按期结案率。

区域评价的可选指标为：超期未处置数、反复发案数、应处置数、处置数、按期处置数、超期处置数、处置率、按期处置率、超期处置率、返工率或驳回率、一次完成率、公众有效举报数、返工数、返工次数、缓办数、延期数、挂账数、案件平均处置时间、环比率等。

区域评价示例见附录6。

（3）部门评价

部门评价是对所有责任单位（专业部门）进行单一指标评价或综合评价。

部门评价的必选指标为：应处理数、结案数、按期结案数、结案率、按期结案率、缓办数、延期数、返工数、挂账数。

部门评价的可选指标为：超期未处置数、反复发案数、应处置数、处置数、按期处置数、超期处置数、提前处置数、处置率、按期处置率、超期处置率、返工率或驳回率、一次完成率、公众有效举报数、返工次数、挂账数、案件平均处置时间、环比率等。

专业部门评价示例见附录7中"一、专业部门评价"。采集公司作为一个部门参加评价，指标参照采集员评价指标，评价示例见附录7中"二、采集公司评价"。

（4）岗位评价

1）岗位评价是指按一定统计周期对受理员、值班长、派遣员、采集员等人员进行评价，根据人员评价模型，由系统自动生成评价结果。

2）信息采集员评价

信息采集员评价的必选指标为：信息采集员上报数、信息采集员有效上报率、失报数、公众举报率、按时核实率、按时核查率。

信息采集员评价的可选指标为：公众举报数、公众有效举报数，失报率、应核实数、按时核实数、核实数、核实率、应核查数、核查数、按时核查数、核查率、环比率等。

信息采集员岗位评价示例见附录8中"一、采集公司岗位评价示例（采集员）"。

3）受理员、值班长评价

受理员、值班长评价的必选指标为：受理员有效批转率、立案数、按时立案率。

受理员、值班长评价的可选指标为：受理员批转数、受理员有效批转数、按时立案数、受理公众举报案件数、环比率等。

受理员、值班长岗位评价示例见附录8中"二、监督中心岗位评价示例（受理员、值班长）"。

4）派遣员评价

派遣员评价的必选指标为：应派遣数、按时派遣率、首次派遣准确率。

派遣员评价的可选指标为：按时派遣数、准确派遣数、派遣准确率、多次派遣数、缓办数、挂账数、环比率等。

派遣员岗位评价示例见附录8中"三、指挥中心岗位评价示例（派遣员）"。

（5）流程段评价

1）信息采集或信息采集专业公司评价。

信息采集或信息采集专业公司评价的必选指标为：信息采集员上报数、信息采集员有效上报率、失报数、公众举报率、按时核实率。

信息采集或信息采集专业公司评价的可选指标为：公众举报数、公众有效举报数，失报率、应核实数、按时核实数、核实数、核实率、应核查数、核查数、按时核查数、核查率、环比率等。

2）受理立案流程评价。

受理、立案流程评价的必选指标为：受理员有效批转率、立案数、按时立案率。

受理、立案流程评价的可选指标为：受理员批转数、受理员有效批转数、按时立案数、受理公众举报案件数、环比率等。

3）派遣流程评价。

派遣流程评价的必选指标为：应派遣数、按时派遣率、首次派遣准确率。

派遣流程评价的可选指标为：按时派遣数、准确派遣数、准确派遣率、多次派遣数、缓办数、挂账数、环比率等。

4）核查流程评价。

核查流程评价的必选指标为：核查按时批转率、按时核查数、按时核查率。

核查流程评价的可选指标为：核查按时批转数、核查有效批转数、一次核查有效数、二次及以上核查数、一次核查有效率等。

5）结案流程评价。

结案流程评价的必选指标为：结案数、按期结案数、结案率、按期结案率。

结案流程评价的可选指标为：超期未处置数、超期结案数、超期结案率、处置数、按期处置数、超期处置数、提前处置数、处置率、按期处置率、超期处置率、一次完成率、环比率等。

（6）评价结果表达

1）评价结果宜分为4个等级，从高到低为Ⅰ级、Ⅱ级、Ⅲ级、Ⅳ级。各城市宜根据实际情况确定登记的指标数值范围，且同一城市应保持一致。

2）评价结果宜采用不同颜色表示，Ⅰ级为绿色，Ⅱ级为蓝色，Ⅲ级为黄色，Ⅳ级为红色。

3）评价结果表达宜采用专题地图、统计图、统计表等方式表达。

①区域评价结果宜采用专题地图方式表达。专题地图方式以单元网格、社区、街道（镇）、行政区等为评价单位，采用不同的颜色表达各区域的评价结果。

②部门评价和岗位评价结果宜采用统计图方式表达。统计图方式采用不同颜色的柱状图、饼状图、线状图表达评价结果。

③区域评价、部门评价和岗位评价结果均应形成统计表。

5. 评价实施

（1）评价应明确实施主体或城市所在政府授权的部门，并设立评价考评小组。

（2）同一城市的评价实施主体采用的评价方法和评价结果表达方式宜保持一致。

（3）评价结果应按照一定的评价周期发布。

（4）区域评价和部门评价的结果宜通过一定渠道向各专业部门和社会公众发布。

（5）评价实施主体应遵循本标准确定并公布绩效评价对象、周期、指标和方法，保证评价结果的准确性和时效性。

（6）绩效评价结果应纳入各级政府、部门岗位责任制或行政效能监察考核体系，成为各级政府、部门对评价对象绩效考核的组成部分。

（六）协同工作网络系统

协同工作网络系统通过业务工作流引擎实现了呼叫中心、监督中心、指挥中心、各专业部门之间协同工作，完成了案卷的分类立案、任务派遣、案卷处理、复核审查、结案归档等流程，具有良好的自适应性、可扩展性和免维护性。工作流引擎应可以灵活、自由地进行配置，同时还可以对包括主流程及各流程环节在内的权限进行设置，保证流程在复杂应用中的可用性和适应性，工作流程调整要实现图形化、可视化。

系统主要功能：具备城市管理问题查询功能；实现案卷信息、地理信息关联和一体化管理功能；与无线通信网实现信息实时传递和在线通信功能；基础信息、地理编码信息、单元网格信息、部件信息、问题信息等地图的显示、查询、量算、统计功能；工作表单填写、查询、打印功能；自定义的业务信息统计和查询功能；向信息采集员群发任务提示的功能；案卷、工作表单、地图访问权限控制功能。如图 3-13 所示。

三、数字化城市管理信息系统基础知识

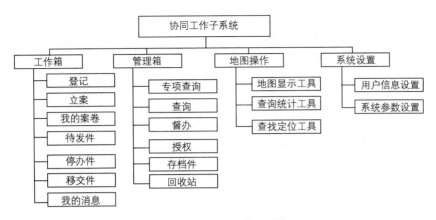

图 3-13 协同工作子系统

四、信息采集员

（一）主要职责

信息采集员又称监督员，主要职责是：通过利用GPS定位系统定位事、部件地点，并进行拍照、描述，把事、部件上报到信息指挥中心，待中心处理完毕后再次进行核查，并将核实、核查结果反馈给监督中心。如图4-1所示。

图4-1　信息采集员巡查

（二）数字采集器介绍

1. 数字采集器原理

数字采集器是一种信息采集器，它是基于无线网络，以手机为原型，为城市管理采集员对现场信息进行快速采集与传送而研发的专用工具。

四、信息采集员

2. 数字采集器系统功能

（1）基础功能

基础功能主要具备接打电话、短信群呼、信息提示、图片采集、表单填写、位置定位、录音上报、地图浏览、单键拨号、数据同步等功能，城管通界面如图4-2所示。

图4-2　城管通界面

如今在网格化城市管理中，网格采集员使用"城管通"，实现与城市管理监督中心之间的信息实时传递。

（2）业务功能

业务功能主要包括问题上报、任务管理和历史记录。

3. 程序安装及设置

本程序仅支持手机操作系统 Windows mobile 6.0 及以上的智能手机。

（1）程序安装

1）第一步　与电脑同步：

需要在电脑端安装的 ActiveSyncsetup 同步软件。安装完成后，打开该软件。用数据线将手机与电脑连接，点击电脑右下角◎，同步软件提示"已连接"。如图4-3所示。

2)第二步　安装程序：

将安装文件"Egova MobileInspector.cab"复制到手机内存或存储卡。在手机内找到安装文件，点击即可安装。安装完成后，点击【OK】退出安装。（建议安装在存储卡上），如图4-4、图4-5所示。

图4-3　与电脑同步连接

3）第三步　安装地图文件：

程序安装完毕后，将本城区的地图文件夹【Map】复制到程序目录下。以程序安装在存储卡为例，程序目录为："/存储卡/MobileInspector"。如图4-6所示。

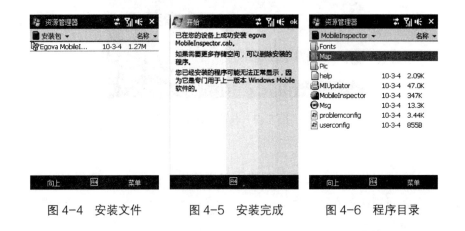

图4-4　安装文件　　　图4-5　安装完成　　　图4-6　程序目录

4）第四步　设置"快捷方式"：

在"开始"菜单→【设置】→【个人】中，找到菜单，点击打开，在【城管通】一项打勾。如图4-7、图4-8所示。

注意：由于菜单内只能显示10个快捷方式，所以勾选"城管通"之前，必须先将其他快捷方式去掉。

点击【OK】关闭设置，"城管通"的快捷方式出现在"开始"菜单下面。如图4-9所示。

（2）卸载程序

在"开始"菜单→【设置】→【系统】中，找到【删除程序】，打开后选择【Egova

四、信息采集员

MobileInspector】,点击【删除】,即完成卸载。如图4-10、图4-11所示。

 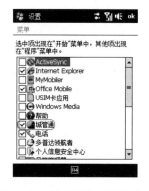 

图4-7 菜单　　　图4-8 "城管通"选项打勾　　图4-9 城管通快捷方式界面

图4-10 删除程序　　　图4-11 卸载界面

(3) 网络设置

在"开始"菜单→【设置】→【连接】中,打开【连接】。如图4-12、图4-13所示。

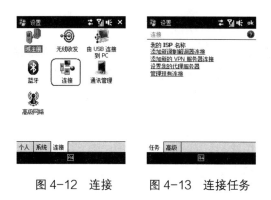

图4-12 连接　　　图4-13 连接任务

具体设置及参数请询问中心或无线网络运营商。

4. 用户登录

（1）功能简介

用于采集员的身份验证、考勤管理以及程序版本、问题大小类版本检测。系统将采集员每次登录时和退出的信息作为当天的考勤信息记录在案，而采集员管理系统会根据采集员的登录和退出，显示当前采集员的【在岗】或【离线】状态。

（2）操作演示

开机进入手机界面，点击左上角的【开始】按钮，在下拉菜单中选中"城管通"系统，点击打开。在登录页面中输入用户名和密码，确定登录。如图4-14、图4-15所示。

图4-14 "城管通"　　　　图4-15 登录界面

登录异常情况：

如果登录系统时，网络出现异常：会提示"与服务器连接失败，是否重试"，选择【否】，可以【离线】登录系统。此时采集员仍然可以上报问题，系统会将问题保存到历史记录里。当网络恢复后系统会重新自动登录，并发送没有上报成功的问题。

如果登录系统正常后，网络出现异常，系统同样会变成【离线】状态。如图4-16、图4-17所示。

四、信息采集员

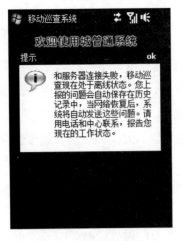

图 4-16　网络异常

图 4-17　离线状态

5. 程序更新

（1）功能简介

在采集员登录时，系统会检测当前的手机程序的版本，如果发现需要更新，则给出更新提示。

（2）操作演示

点击【OK】以后开始更新程序选择。更新结束以后会给出相应的提示并且会要求重新登录系统。如图 4-18、图 4-19 所示。

图 4-18　检测新版本

图 4-19　程序更新

6. 问题上报

（1）功能简介

采集员使用问题上报功能，将发生的问题报告给受理大厅，在报送案卷描述同时，附带问题发生位置、照片和声音，使报告的问题更精确、更直观。

问题上报包括问题类型选择、位置选择、照片选择和声音选择。

【问题类型选择】：采集员要通过选定类型、大类和子类，逐步细化问题的上报具体内容。

【地图选择】：主要功能包括网格定位、GPS定位、位置选择、地图放大和缩小、全图查看等功能：

【选择照片】：选择相关的照片，向受理大厅提供问题的图片信息。能够调用系统的相机拍照，在拍摄完成以后自动选择拍摄的照片，能够浏览和删除照片。

【选择声音】：选择与问题相关的声音，向受理大厅提供问题的录音。可以通过系统的录音控件录制声音，能够播放和删除声音文件。

（2）操作演示

1）选择问题类型

问题上报包括事件上报和部件上报。采集员通过选定类型、大类和小类，逐步细化事件或部件的具体内容。类型和大类、小类能够三级联动。选择过程如图4-20～图4-23所示。

图4-20　事件上报

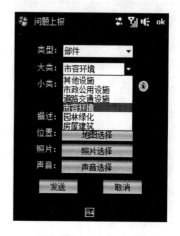

图4-21　部件上报

四、信息采集员

图 4-22　部件大类　　　图 4-23　部件小类

2）填写问题描述

采集员可向受理大厅简单地描述该问题，可以点击【问题描述】进入问题描述页面进行填写。如图 4-24 所示。

3）定位问题位置

采集员可以根据 GPS 定位，迅速定位到问题所在的大概范围，然后通过地图缩放、平移来确定问题所在的具体位置。

点击"地图选择"进入地图，当前地图可能不是问题所在的位置，可以通过点击地图进行地图平移。如图 4-25、图 4-26 所示。

图 4-24　问题描述　　　图 4-25　地图　　　图 4-26　网格定位

点击左下角的【菜单】，可以弹出地图菜单：

057

包括"网格定位"、"位置选择"、"停止定位\GPS定位"、"放大"、"缩小"、"全图"和"返回"。

也可以直接点击【菜单】右边工具栏的快捷键图标 ：

从左到右图标的功能依次是："地图放大"、"缩小"、"网格定位"、"位置选择"和"GPS定位\停止定位"。

将地图的十字光标平移到问题所在的位置，点击位置选择图标或者在菜单里选择【位置选择】或菜单项，进入位置信息页面。如图4-27、图4-28所示。

图4-27 位置选择

图4-28 坐标定位

该页面列出了十字光标所在位置的位置信息、坐标值及存在的部件图标和部件编码（如果是部件）。选择想要上报的部件编码，选定后按确认，直接返回问题上报页面，系统会在位置栏作出已选的标记。如图4-29所示。

4）照片选择

进入照片选择界面后，使用照相功能现场拍摄：

①在问题上报界面点击【照片选择】进入照片选择页面。

②【我的照片】中将所保存的照片以列表的形式列出来，点击照片，可以浏览该照片。如图4-30、图4-31所示。

③如【我的照片】中没有需要的照片时，点击【拍照】进入手机的相机程序。拍摄完成后，回到拍摄界面，点击屏幕上"关闭"按钮关闭相机程序并返回"城管通"照片选择页面。系统会自动选择刚刚拍摄的照片。

四、信息采集员

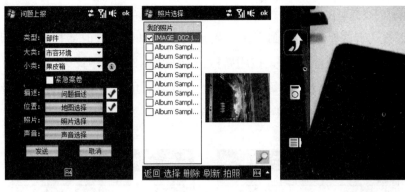

图 4-29　标记　　　　图 4-30　照片　　　　图 4-31　拍照

④选择完所需照片后，点击【返回】到问题上报页面，系统会在照片栏作出已选的标记。如图 4-32 所示。

备注：当问题上报成功后，与该案卷相关的照片会在【我的照片】自动隐藏。

5）声音选择

如果有必要，采集员还可以录下与问题相关的声音信息，并将声音信息上报给受理大厅。

①点击【声音选择】进入声音选择页面。

②系统将所存储的声音文件列出来。可以选中某一个声音文件，点击下面的播放图标（蓝色三角）播放所存储的声音。如图 4-33 所示。

图 4-32　上报界面　　　　图 4-33　声音选择

③如果列表中没有所需的声音资料，可以重新录音

点击录音图标（红色圆点）开始启动，可以根据计时器控制录音时长，点击停止图标（黑色方块），按刷新按钮，则可以在声音列表中看到新近录制的声音资料。采集员可以点击播放图标（蓝色三角）来播放刚才的录音，了解一下录音的质量。如图4-34、图4-35所示。

图 4-34　录音资料　　　　图 4-35　播放录音

④选完所有需要的声音后，按【返回】回到问题上报主菜单，系统会作出声音已选择的标记。

备注：当问题上报成功后，与该案卷相关的录音会在【声音选择】自动隐藏。

6）紧急状态

如该问题符合紧急案卷的上报标准，则勾选紧急案卷前的方框。

7）问题发送

问题上报表单的所需的信息都已经准备齐全，可以对问题进行上报。

如果点击【发送】，将问题发送到受理大厅，发送成功后，系统会提示发送成功。如图4-36、图4-37所示。

如果点击【取消】上报，会提示"是否需要保存已编辑的问题信息"，以便下次继续录入和上报。选【是】，问题被保存在【任务管理——历史记录】中，且案卷状态为未上报。如图4-38、图4-39所示。

四、信息采集员

如果由于网络等原因导致发送失败,系统会提示表单提交失败,并把该问题保存到【任务管理——历史记录】里,采集员可以选择重试或者取消,如果选择取消,系统会返回到主界面,可以在以后重新发送此记录。

图 4-36　问题上报

图 4-37　问题提交

图 4-38　保存已编辑

图 4-39　历史记录

7. 任务管理——我的任务

(1)功能简介

【我的任务】用来显示受理大厅发给采集员的任务信息,要求采集员执行任务并做出回复。任务包括"问题核实"、"普查任务"和"问题核查"三种类型。

"问题核实"要求采集员去核实市民反映的问题是否属实;"普查任务"由值班长发出,要求采集员通过回复普查任务进行普查问题的上报;"问题核查"是要求采集员核实派发给处置部门的问题是否得到有效解决。

(2)操作演示

在我的任务页面里,系统以列表的形式将任务列出来。采集员点击选择所要核查、核实或普查的任务,按查看键查看该任务。如图4-40、图4-41所示。

图4-40 任务列表　　　图4-41 任务选择

如上图,蓝色信封为未读的任务,黄色信封为已读的任务。

长按住空白处屏幕,会出现选择菜单,【选择】【删除】【近期任务】。

【选择】:打开该任务。

【删除】:删除该任务,一般情况下,任务不允许被删除。

【近期任务】:下载未回复的任务。可以通过近期任务,重新下载任务。

1)问题核查

如果任务是"问题核查",核查页面列出了问题的详细信息,包括类型、大类、小类信息以及位置地图和问题描述。如图4-42所示。

采集员可以点击"地图查看"来了解问题发生的位置地图,在地图的十

四、信息采集员

字光标下面有一个绿色正方形的图标,标记了该问题的位置。

采集员可以点击"描述查看"来了解该任务的任务描述,并可以查看上报原始照片和播放声音记录。如图 4-43 所示。

如果是第一次查看原始图片,那么该图片需要从服务器下载,点击多媒体照片列表中的照片,如"照片 1",此时会给出提示,点击【是】开始下载图片。下载完成以后会得到图片的预览界面,点击【返回】退出预览。如图 4-44、图 4-45 所示。

图 4-42　问题核查

图 4-43　任务描述

图 4-44　照片下载

图 4-45　照片预览

如果是第一次播放原始录音，同样需要从服务器下载，点击多媒体声音列表中的声音，此时会给出提示，点击【是】开始下载录音文件。下载完成以后会弹出播放器开始播放声音，点击播放器最左边的"×"图标可以关闭声音播放。如图4-46、图4-47所示。

在查看了上述资料，然后经过实地核查，可以对该问题处理与否进行回复。

需要选择当前问题的核查照片（操作方法同问题上报），在单选框之中选择已处理的结果，最后点击【回复】发送此处理结果。

图4-46　录音下载　　　　图4-47　播放录音

如果传送成功，系统会显示传送成功的提示。

如果发送失败，系统会显示表单提交失败，并把该记录保存到【任务管理——历史记录】里，采集员可以点击【重试】来重新发送；或者【取消】返回主界面，在【任务管理——历史记录】重新回复此记录。如图4-48所示。

2）问题核实

如果任务是"问题核实"，采集员需要对该问题进行核实。如图4-49所示。

因为市民只是对所发现的问题简单地举报说明，需要采集员采集更详细的信息，如图片以及更精确的位置等。

选择是否【属实】的结果后，点击【回复】，出现与【问题上报】类似的页面，采集员只要按照【问题上报】的操作步骤，将各个栏目填写清楚，点击【发送】便回复成功。如图4-50、图4-51所示。

图 4-48　任务提交　　　　图 4-49　问题核实

图 4-50　问题核实　　　　图 4-51　任务提交

3）专项普查

"专项普查"任务由值班长发出。如图 4-52 所示。

首先根据"普查要求"的普查内容，在普查时限内对普查任务进行回复，一条普查任务可以多次回复。如图 4-53、图 4-54 所示。

回复方法同问题上报（必须填写描述、位置选择、照片选择），然后进行发送。一条普查任务可以多次回复。回复后的问题，上报到受理员的"受理平台"→"专项普查"栏中。如图 4-55 所示。

当普查时限到期之后，无法再回复此任务，普查任务将自动删除。如图 4-56 所示。

图 4-52　专项普查　　　图 4-53　普查要求　　　图 4-54　普查情况

图 4-55　普查任务提交界面　　　图 4-56　普查任务到期

8. 任务管理——历史记录

（1）功能简介

历史记录里记载最近提交的上报问题或最近回复的核查、核实、普查任务。系统用不同颜色标记发送成功和发送失败的记录，采集员可以浏览、删除这些记录，或者重新上报未成功发送的记录。如图 4-57 所示。

历史记录只保留 2 天内发送成功的记录，超过 2 天的记录系统会自动删除。如果发送未成功（即状态为未上报）的记录，不会被自动删除。

删除记录时，与该记录相关的多媒体信息（已隐藏的照片和录音）会同时删除，因此不必担心多媒体文件过多，导致存储卡空间不足。

（2）操作演示

对于没有发送成功的记录，系统会在网络正常时重新自动发送，也可以修改后手动发送，如图4-57所示，点击【上报】。对于未成功上报的多媒体，系统也会自动重复上传。如图4-58、图4-59所示。

点击任务记录，可以查看各任务的详细信息。

图 4-57　历史记录　　　图 4-58　未上报任务　　　图 4-59　问题上报

9. 今日提示

（1）功能简介

【今日提示】中显示的受理大厅发送给采集员的通知。

（2）操作演示

点击【今日提示】图标进入"今日提示"页面，浏览受理大厅发送的信息，点击"返回"键返回主菜单。如图4-60、图4-61所示。

图 4-60　今日提示　　　图 4-61　提示内容

10. 地图浏览

（1）功能简介

"地图浏览"用于查询地图信息，其基本功能与"问题上报"的"位置选择"相同。如图 4-62 所示。

（2）操作演示

采集员可以对地图执行一些基本操作，如"地图平移"、"放大"和"缩小"、"全图"、"网格定位"、"GPS 定位"、"查询兴趣点"。

点击左边的菜单按钮，可以弹出"地图"菜单，包括"网格定位"、"GPS 定位"、"位置选择"、"地图放大"、"地图缩小"、"全图"和"返回"。

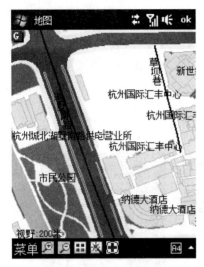

图 4-62 地图

操作方法可参考"问题上报"中"定位问题位置"的说明。

11. 数据同步

（1）功能简介

"数据同步"用于更新大小类配置文件和地图数据，使【城管通】的数据始终与服务器保持一致。如果服务器检测到移动巡查上的数据比较陈旧时，就会提醒采集员需要进行数据同步。

（2）操作演示

点击【是】选择立即更新。更新结束以后会给出相应的提示。

成功更新以后当再次点击【数据同步】时，会提示已经是最新的版本。

12. 系统设置

（1）功能简介

"系统设置"用于更改登录密码和服务器地址。

（2）操作演示

选择【密码设置】或【服务器设置】。

1）密码设置

在【旧密码】上填写当前登录密码，然后在【新密码】一栏填写将要使用的密码，在【确认新密码】栏再次输入该新密码，点击【确定】。

如果修改密码成功，则系统会弹出【密码修改成功】提示框。

2）服务器设置

需要设置服务器IP地址和端口，填好后确定。如图4-63所示。

图 4-63　服务器设置

注意：不同移动运营商，IP地址和端口可能不一样。如某城区IP和端口为：186.186.3.10：8081；电信手机IP和端口为：192.168.1.2：8081；移动手机IP和端口为：10.10.4.188：8081。

13. 系统帮助

（1）功能简介

本栏目显示系统的帮助内容，帮助采集员迅速熟悉移动巡查的操作方法，并且在结尾包含了当前程序的版本信息。

（2）操作演示

进入该栏目后，页面显示各个功能的帮助文件。采集员可以拖动右侧的导航条查阅帮助文件。查阅完毕后点击【返回】键返回主菜单。

14. 打卡下班

（1）功能简介

采集员结束工作下班时，向服务器提交退出的请求，并做退出记录。

（2）操作演示

点击打卡下班后，会弹出一个对话框询问是否要退出系统，选择【是】则系统会向服务器发送请求，并将此次退出记录作为考勤依据。如果向服务器发送数据失败，系统会提示网络连接失败，并要求采集员以电话方式告诉中心下班。

(三)操作流程及要求

1. 核查

专业部门办理完后由协同平台转发到信息中心需要结案的案卷,保存在受理平台的"结案栏"里。

该栏目内,采集公司可以发送核查消息。但当采集员将核查反馈后,采集公司无法再次发送核查;当案卷被受理员"办理"过后,将从采集公司的核查栏内消失。如图4-64所示。

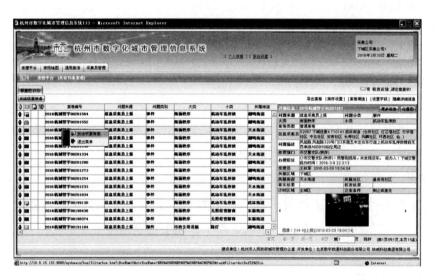

图4-64 结案栏

核查发送的操作方法

(1)选中需要发送核查消息的记录,确认右边的详细信息无误后,点击【发送核查信息】按钮,系统将列出事发社区正值班的信息采集员。待发送核查信息案卷信息状态标识图标为:■。

(2)选中要接收的信息采集员,点击【发送】按钮,核查消息将发到该信息采集员的城信通手机上。刷新后消息状态标识变为黄色:■。

四、信息采集员

（3）信息采集员收到核查信息并阅读后，受理员刷新案卷栏目，信息状态标识变为以下图标：✉。

（4）当信息采集员返回核查消息时，系统将自动定位在最新反馈消息的记录，如核查反馈为已处理，消息状态标识变为如下图标：✉（信封下打勾）；如核查反馈为未处理，消息状态标识变为如下图标：✉（信封下打叉）。此时，采集公司无法再次发送核查。

2. 采集员管理

采集员分"采集员查询"和"采集员登录查询"两个子栏目。

（1）采集员查询

列表内默认列出本城区所有的采集员信息。用户也可以根据筛选条件查询需要显示的采集员。如图 4-65 所示。

图 4-65 采集员信息

1）在岗采集员位置图

点击【在岗采集员位置图】，在新打开的页面中，将本城区所有在岗采集员的当前位置显示在地图上。如图 4-66 所示。

用户可以通过工具栏 上的按钮，对地图进行放大、缩小或平移等操作，得到采集员更详细的位置信息。

2）采集员详细信息

右键点击列表中的采集员记录，可打开该采集员的"详细信息"。如图 4-67 所示。

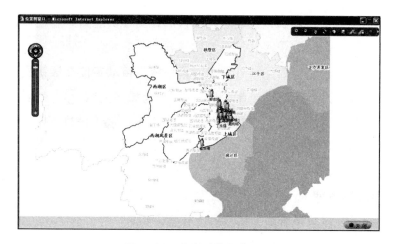

图 4-66　在岗采集员位置图

姓名	虚拟号	工卡号	在岗	年龄	性别	采集公司	街道	社区
上城巡查4	000000	01001	否	0	男	上城区采集…	望江街道	清泰门社区,在水一方社[
石XX	000000	01025	否	0	男	上城区采集…	望江街道	徐家埠社区,耀华社区,
朱XX	000000	01			男	上城区采集…	湖滨街道	吴山路社区,岳王路社区,
孟XX	000000	01			男	上城区采集…	南星街道	复兴街社区,美政桥社区,
郭XX	000000	01016	是	0	男	上城区采集…	南星街道 紫阳街道	馒头山社区,候潮门社区,
郭XX	000000	01026	否	0	男	上城区采集…	紫阳街道	新工社区,北落马营社区,

详细信息

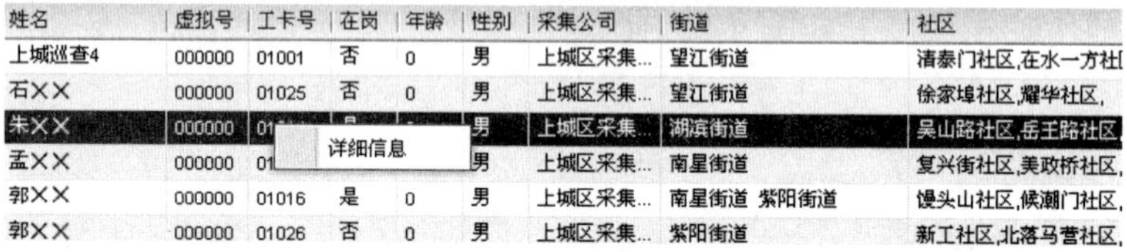

图 4-67　采集员详细信息

如图 4-68 所示。左边可查看采集员“个人信息”、“登录信息”、“位置信息”以及“上报问题”的任务号列表。

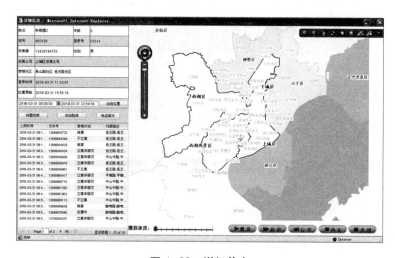

图 4-68　详细信息

①时间选择

点击 2016-03-31 00:00:00 至 2016-03-31 23:59:59 选择时间。

首先选择小时，如点击【16时】，出现下拉菜单，完成选择小时。然后用同样的方法选择分及秒。

最后，选择日期，如"2016-3-31"，完成时间的选择。如图4-69所示。

图4-69 时间

②当前位置

点击【当前位置】按钮，地图上显示该采集员最新的位置。

③问题列表

点击【问题列表】按钮，左下角栏目内列出该采集员在所选时间内上报的问题。

点击问题任务号，可在地图里定位该问题发生的位置。

双击问题任务号，可打开问题的详细信息，详细信息中可查询照片、描述等。

④活动线路

点击【活动线路】按钮，左下角栏目内列出该采集员在所选时间内所经过的坐标。当点击【轨迹演示】按钮后，点击列表内的记录，可以将坐标定位在地图上。如图4-70、图4-71所示。

图 4-70 活动线路

图 4-71 坐标定位

⑤轨迹演示

点击【轨迹演示】按钮后,地图上出现该采集员在所选时间内的轨迹路线。红色网格为该采集员的责任网格区域。

点击地图下方的【播放】按钮,对采集员轨迹路线进行播放,将【播放速度】上的小方框向右侧移动,可以加快播放速度。如图 4-72 所示。

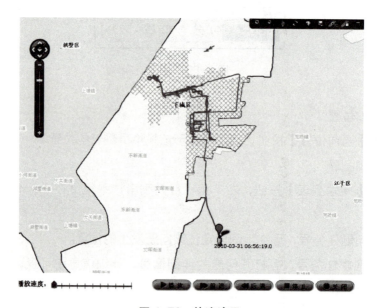
图 4-72 轨迹演示

(2)采集员登录查询

可查询采集员的登录及退出信息。如图 4-73 所示。

四、信息采集员

图 4-73 采集员登录查询

（四）行为规范和服务标准

1. 行为规范

（1）信息采集员工作期间着装应仪表整洁、衣冠整齐、整洁大方，夏季不得穿背心、短裤、拖鞋，不得戴深色墨镜；冬季不得穿睡衣。禁止酒后上班。

（2）信息采集员必须持证上岗。新员工上岗前必须经过规范的教育培训，考试合格并获得数字城管实施机构颁发的信息采集证后方可持证上岗。

（3）信息采集员在非工作时间，不得佩戴信息采集证。

（4）信息采集员不得主动与他人、单位发生冲突。

（5）信息采集员在作业期间不得从事与信息采集无关的活动。

（6）信息采集员应自觉遵守交通法规，不得出现闯红灯、不走人行横道线、骑车带人、向车外扔杂物或吐痰等违法或不道德行为。

2. 服务标准

（1）信息采集员应怀着高度的使命感、责任感做好本职工作。树立大局意识，服务意识，服从意识和责任意识。

（2）明确信息采集的意义和作用，热爱信息采集，维护信息采集员的荣誉。

（3）按时上下班，按规定路线、密度巡查，避免漏报漏核，操作仔细、程序到位、有错必纠。

（4）熟悉业务，牢固树立工作质量第一的意识，不断在实践基础上积累新技巧，总结新办法，解决新问题。

（5）工作中应诚实守信，求实求真；加强自律，实事求是；文明言行，谨慎礼让，不说、不做与信息采集员身份不符合的话和事（信息采集用语示例详见附录9）。

五、受理员

数字化城市管理实用手册

（一）主要职责

受理员主要职责是：接收信息采集员上报的事件、部件问题信息，判别后对问题进行立案，将问题批转到协同工作平台进行处理，对采集公司回复的核查案卷信息与上报信息进行对比，确认问题处理完毕后进行结案，未处理完毕的批转回平台继续处理，确保整个信息处理流程的及时、规范、准确。如图 5-1 ～图 5-3 所示。

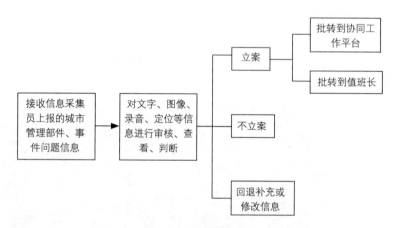

图 5-1　受理工作流程

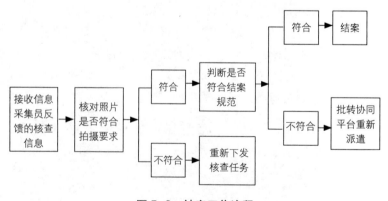

图 5-2　结案工作流程

五、受理员

图 5-3　受理员受理案件

（二）操作流程及要求

1. 受理平台栏目定义

受理平台下共包括："公众举报"、"紧急案卷栏"、"信息采集"、"结案核查"、"回退栏"、"移交栏"、"无多媒体栏"、"专项普查栏"。

"信息采集栏"内存放采集员上报的一般案卷及核实反馈的公众举报问题。

"紧急案卷栏"内存放采集员上报的紧急案卷。

"公众举报栏"内存放登记待处理的问题，问题核实反馈后加载到"信息采集栏"。

"结案核查栏"内存放核查结案环节的案卷。

"回退栏"内存放值班长和协同平台回退到受理员的案卷。

"移交件"内存放受理平台批转出去且下一阶段未办理的案卷。

"无多媒体栏"内存放多媒体丢失的采集员上报的问题。

"专项普查栏"内存放专项普查类的问题。

如图 5-4 所示。

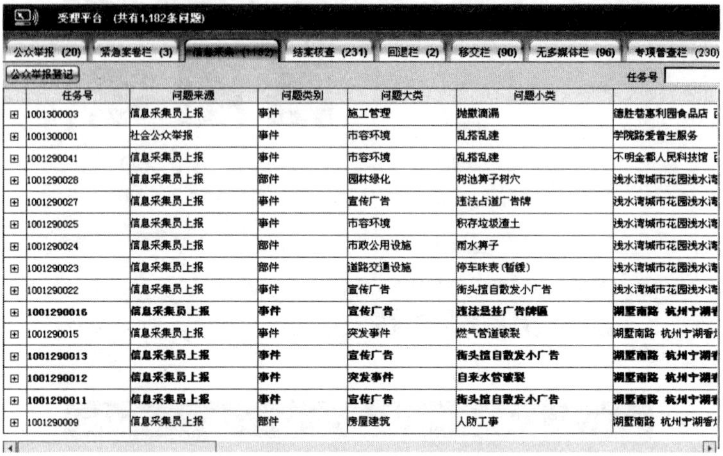

图 5-4　公众举报信息

2. 受理

受理员受理的业务来源有三种：信息采集员上报、社会公众反映和领导批办。

受理平台任务号快速过滤：受理平台增加了任务号快速过滤，如下图，右上方任务号后输入需要过滤得任务号，然后点击【过滤】即可，不需要过滤时可点击【清除】按钮。如图 5-5 所示。

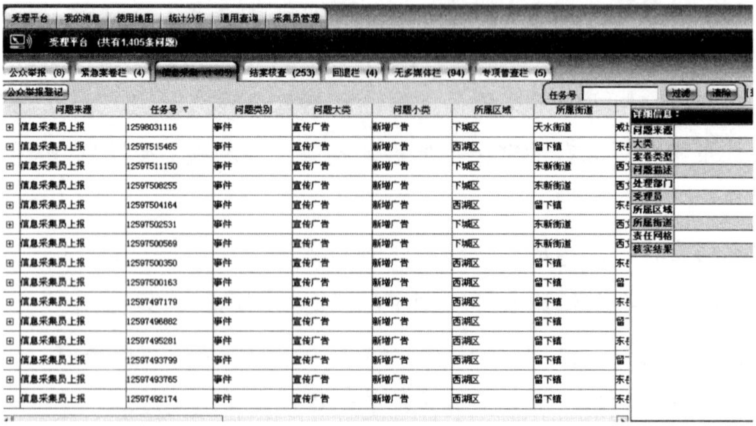

图 5-5　任务号快速过滤

五、受理员

（1）信息采集员上报

信息采集员上报的问题直接进入受理平台的"信息采集栏"，对该部分问题的处理可参照"立案"阶段的操作。

（2）社会公众反映

社会公众反映等主要是通过城管专线电话向信息中心反映所发现的城管问题。其操作方法如下：

1）接听电话：如果是社会公众反映城管问题，那么点击系统受理平台右上方的【公众举报登记】按钮,系统将打开登记页面窗口，并显示"登记"界面，见下图：左边是问题信息栏，右边是地图窗口。如图5-6所示。

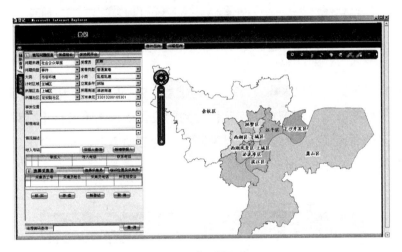

图5-6 登记页面窗口

2）登记：在"登记"界面的左边信息栏（见上图"登记界面"）里把公众反映的问题记录下来，包括问题类型、大类、小类、状况、事发位置、问题情况描述等。如图5-7所示。

3）问题定位：点击左边的【定位】按钮，系统会根据"事发位置"里填写的位置自动搜索出所有包含"事发位置"的地址,点击选择确切的地理位置，"登记表单"栏中的标准地址中就会出现所选的地址，同时右边的地图窗口也会自动定位到该地址，点击【存盘】按钮保存信息。如果定位中没有找到需要的具体地址，那么可以采用放大、缩小、漫游等功能手动在事发位置定位。如图5-8所示。

图 5-7　问题记录　　　　　　　图 5-8　问题定位

4）标识位置及信息采集员：点击左边信息栏中的【标识位置及信息采集员】按钮，然后在右边地图窗口中"定位"到的位置上点击【进行】标识，这时左边的"所属街道"、"社区"、"万米网格"会自动填上，同时会出现相应的信息采集员。如图 5-9 所示。

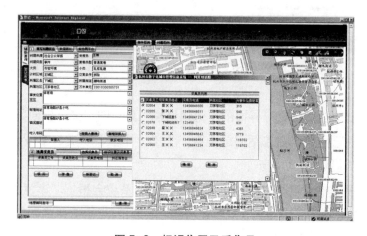

图 5-9　标识位置及采集员

5）发送核实消息：标识完信息采集员后，点击【核实】按钮即可。
6）核实完毕：发送了核实消息的问题存放在"公众举报"栏里。当信息

五、受理员

采集员返回核实消息后此案卷将被转移到"信息采集"栏。如果问题不属实，则可点击【不立案】按钮，对该问题进行不立案处理；如问题属实，点击【预立案】，将问题立案批转到协同平台。

如果只登记了问题，并没有发送核实消息给信息采集员就退出登记窗口，这时所登记的问题保存在"公众举报"里。打开"公众举报"栏，选择一个已经登记的问题，点击右键在弹出的菜单栏中选择【问题处理】会进入到登记窗口的界面，只需要选择信息采集员，向其发送核实消息即可（可参照上面的步骤）。如图 5-10 所示。

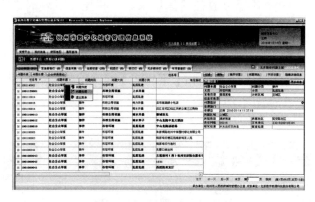

图 5-10 "公众举报"栏

7）登记问题不发送核实直接批转

登记的问题可以不发送核查直接批转给值班长或派遣员：在地图上标识完位置后，直接点击发值班长或发协同平台即可。如图 5-11 所示。

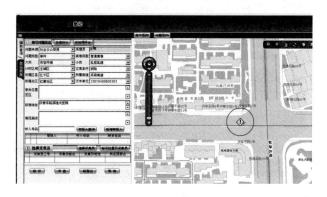

图 5-11 地图标识

（3）领导批办

领导如果用信息采集器直接上报问题,那么问题将存放在"预立案"栏里,对这部分问题的处理参照下面"立案"环节。

领导如果是通过电话等方式反映问题,那么受理员首先需要对问题进行登记,然后向相应的信息采集员发送核实消息进行核实,核实属实后问题进入"预立案"栏。具体操作方法可参照社会公众反映中的登记及核实。

3. 立案

经过受理后的问题都存放在"信息采集"栏里,可随时进行立案。其操作方法如下:

点击受理平台上方的【信息采集】打开"预立案"栏,选中一条问题记录,页面右上方就会出现【预立案】和【不立案】两个按钮,点击【不立案】按钮,可将问题作废掉。如图5-12所示。

图 5-12　信息采集栏

点击【预立案】按钮,系统会进入预立案的界面,如图5-13所示。受理员对问题的信息进行初步审核(通过查看类别,图片,声音等方式),审核完点击右上方的【标识位置】保存位置信息。

五、受理员

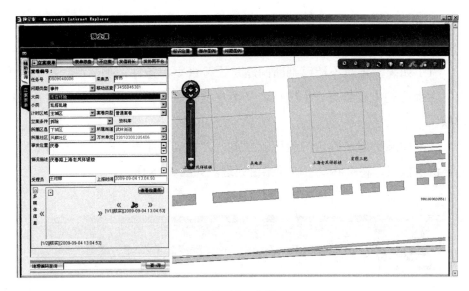

图 5-13 立案

4. 取消立案

受理员在某问题预立案后,在预立案页面上点击【取消预立案】,则将该案卷取消预立案,该案卷在"信息采集"栏内粗体显示,所有受理员均可预立案该问题。如图 5-14 所示。

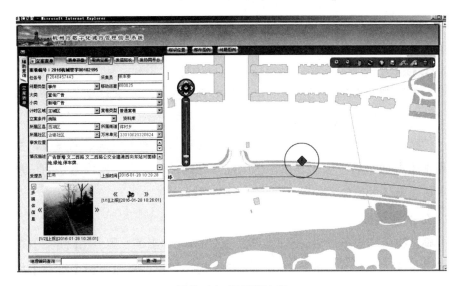

图 5-14 取消预立案

5. 批转

操作方法如下：

（1）如果受理员不能够判断问题是否符合立案条件，那么在立案页面里点击左上方的【发值班长】按钮，将案卷发给值班长，由值班长对案卷进行审核。

（2）如果受理员确定问题可以立案，在立案页面里点击左上方的【发协同平台】按钮，将案卷发给协同平台处理。如图5-15所示。

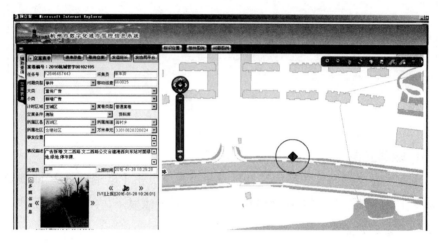

图5-15　发协同平台

6. 核查

对专业部门办理完后由协同平台转发到信息中心需要结案的案卷，保存在"结案核查"栏里。

结案核查栏内的案卷可以由受理员直接将核查消息发送给采集员，受理员点击【办理】后不弹出表单，可以继续办理其他案卷。操作方法同信息采集员核查发送的操作方法。

7. 批转结案

确认核查结果正确后，受理员可点击右键，在弹出菜单里点击【结案】按钮，将案卷结案。如果受理员不能够判断是否应该结案，那么点击【批转】将案卷批转到值班长进行结案处理。如图5-16所示。

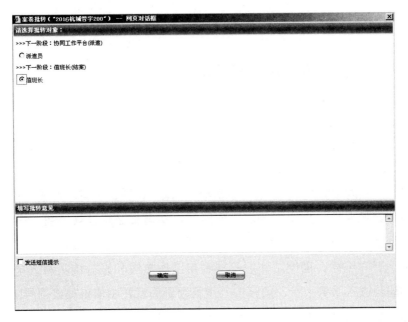

图 5-16 批转结案

确认核查结果未处理完毕时，受理可以点击【批转】按钮，将案卷批转到协同平台进行二次派遣。如图 5-17 所示。

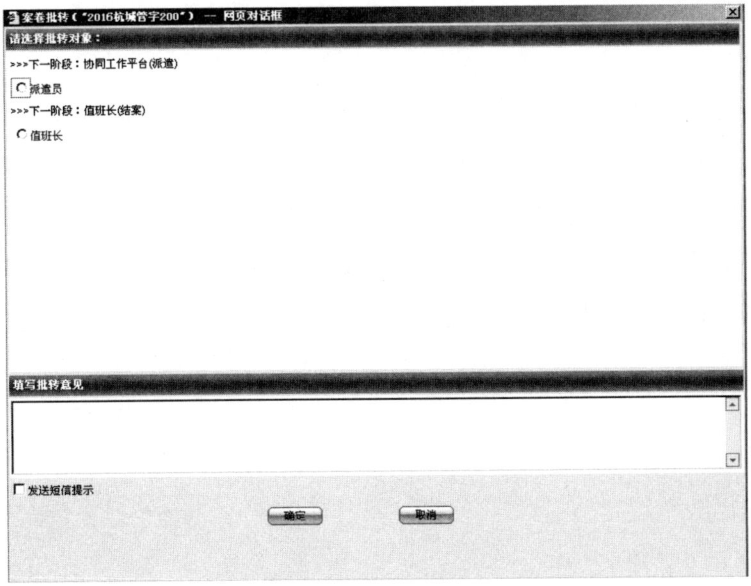

图 5-17 二次派遣

(三)行为规范和服务标准

(1)严于律己,恪尽职守。严格遵守工作规范制度,不迟到、不早退、不旷工,服从领导指挥调度,不擅离职守。

(2)团结同事,甘于奉献,提高认识,做到自重、自省、自警、自立。

(3)兢兢业业,忠于职守。工作时间,受理员必须按规定统一着装并佩戴工作标牌,迅速准确受理信息采集员、社会公众信息和电话。

(4)严守纪律,谨慎工作。不准利用工作热线和设备接听私人电话。外来人员因公进入服务大厅,须经中心主管领导同意并由值班长或领导陪同。

(5)爱护公物,整洁有序。服务大厅应保持整洁安静。

(6)提高认识,优质服务。严禁推诿、刁难、拒绝受理公众电话,在群众来电尚未挂机前不准抢先挂机。

(7)热心服务,爱岗敬业。严禁工作中与来电群众发生争执,讲粗话。一经发现并确认为受理员负主要责任,按照本单位奖惩制度进行处罚。

(8)接电话使用普通话,语气亲切和蔼,不得使用粗话、脏话及不文明、不规范的口语。

(9)全体工作人员必须坚持实事求是、服务群众、高度负责、又好又快的原则,做到明确职责,精通业务,办事严谨,雷厉风行,确保制度落实。

(10)首问责任制。按照"首问责任、对口接待"的原则,不论当事人询问的内容是否与首问责任人职责有关,都要热情接待,不得以任何借口或理由推诿或回避、拒绝群众的询问。

六、派遣员

（一）主要职责

派遣员的主要职责是：接收监督中心值班长批转过来的案卷，将其派遣给相关专业部门进行处理，并对专业部门办理完结的案件进行审核，对专业部门的案件办理情况进行监督、评价。接收专业部门处理好后批转回的案卷，对处置结果进行批转。

（二）操作流程及要求

1. 案卷派遣

当协同平台派遣员收到信息中心批转来的案卷，案卷会依次排列在"我的案卷"箱子中"待办案卷"列表内。

（1）办理

1）点击业务平台左上方的【我的案卷】进入"待办案卷"栏里，该栏存放的是派遣员需要办理的案卷。

2）查看案卷的"上一阶段名称"和"当前阶段名称"，如果"当前阶段名称"是"协同平台（派遣）"，那么点击选中该案卷。

案卷列表中以粗黑体字显示的为未办理过的案卷，细黑体字显示的为办理过的案卷。如图6-1所示。

点击左上方【办理】按钮或鼠标右键菜单选中"办理"，系统自动打开"问题信处理表"。如图6-2所示。

（2）填写表单

1）点击左上角的【问题处理表】进入问题处理表单页面，这里需要填写处理要求。系统自动填写派遣人、日期等信息。点击【存盘】保存表单信息。如图6-3所示。

六、派遣员

图 6-1 派遣员——我的案卷

图 6-2 办理

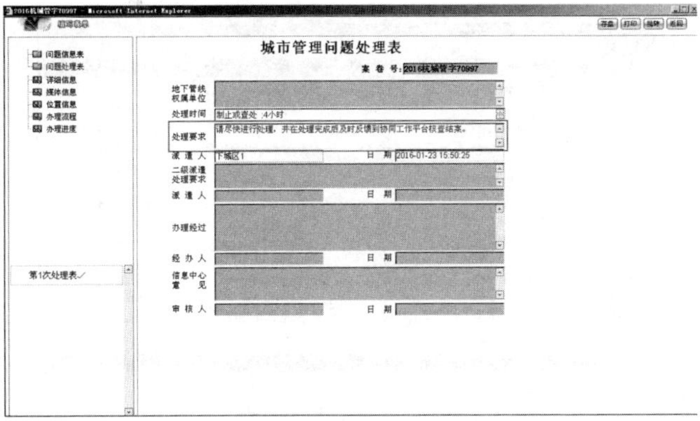

图 6-3 问题处理表

2）在批转时选择问题处置的专业部门，在弹出的专业部门选择界面上派遣员可以选择市级专业部门或区级专业部门（如下城区），选择后点击【确定】，系统将案卷批转到相关专业部门。如图6-4所示。

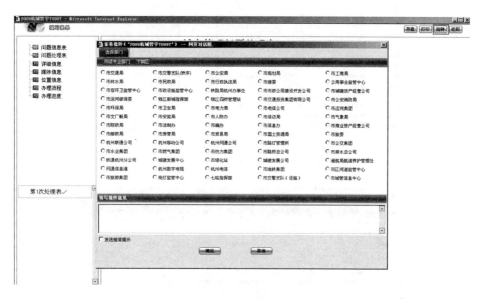

图6-4　选择部门

（3）派遣

在填写完问题处理表并存盘后，点击右上方的【批转】按钮，将案卷派遣给专业部办理。如图6-5所示。

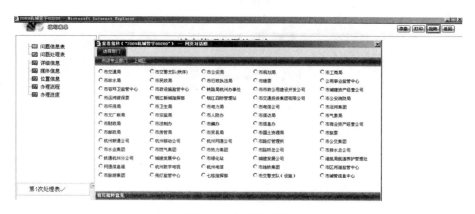

图6-5　问题处理表

六、派遣员

2. 案卷督查

专业部门按照协同平台的处理要求处理完问题后，将案卷转发给协同平台，由协同平台进行案卷督查。

系统实现了自动督查功能，案卷由专业部门批转后，会自动批转到受理员核查结案。

3. 新增字段

新增了"捆绑计时红绿灯"、"捆绑计时时间限制"、"捆绑计时已用时间"、"捆绑计时剩余时间"、"回退次数"、"截止时间"等字段。"捆绑计时红绿灯"如图 6-6 所示。"捆绑计时"是将协同平台派遣、督查环节及区级部门处置环节的时间限制所累加的时间，如果是派往市级部门的，则部门和协同平台的时间不累加，仍是分别计算。"回退次数"是案卷回退的次数。"截止时间"是案卷到期的时间。

图 6-6 新增字段

4. 派遣阶段时间限制

协同平台派遣阶段的时间限制调整为 20min。

5. 案卷派遣短信提示

在原系统中案卷派遣时会自动给部门发送短信（如果部门设置了手机号

码），新系统中在"派遣选择部门"的窗口中的左下方，多了"发送消息提示"的选项，该选项默认勾选，不必改动，如果去掉勾选则部门不会收到提示短信。如图 6-7 所示。

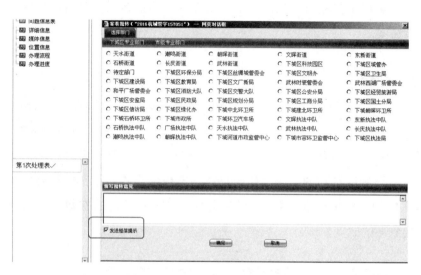

图 6-7　短信提示

（三）行为规范和服务标准

（1）工作时间必须按规定统一着装，佩戴工作标牌。

（2）工作时，要讲普通话，不得使用方言，语言表达应清晰、简练、准确。

（3）严于律己，严格遵守中心考勤和请假制度，不迟到、不早退、不旷工，服从领导指挥调度，不擅离职守。

（4）禁止收取贿赂或向他人行贿，利用职务之便在外从事任何以权谋私、损公肥私的活动。

（5）要积极配合监督信息平台对立案批转的案卷进行派遣与案件审核。

（6）爱行爱岗，敬业尽责。以主人翁态度对待工作，认真办事，恪尽职守。

（7）团结同事，协力工作。相互理解、关心同事，乐于助人，服从大局，服从工作分配。

七、值班长

（一）主要职责

值班长主要职责是：对受理员不能准确判断是否可以立案或结案的城管问题或案件进行最终决定和仲裁；妥善处理突发事件和疑难复杂问题，并按照层级管理工作要求及时向中心领导和有关部门报告；解答相关部门、网络单位、采集公司的来电咨询；负责申请授权案卷的答复，执行作废（如图7-1所示）或回退操作，审核并批转紧急案卷。值班长具有受理员的全部职权，并负责对受理员工作的管理和日常进行考评。

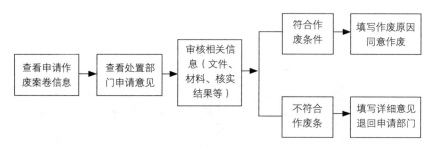

图7-1 案卷作废流程

（二）操作流程及要求

1. 停止恢复计时

（1）停止计时

系统支持按"区域"、"部门""案卷号""大、小类"四种方式选择案卷停止计时。操作方法如下：

在系统主界面上点击【停止恢复计时】，在弹出的"停止恢复计时"页面上选择案卷方式，并选择案卷，最后点击【停止计时】。如图7-2所示。

七、值班长

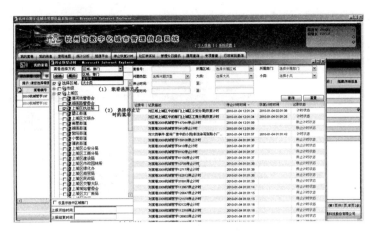

图 7-2　停止计时

（2）停止计时查询

系统可以查询出历史停止计时的记录及当前的计时状态。操作方法如下：

在系统主界面上点击【停止恢复计时】，在弹出的"停止恢复计时"页面填写查询条件，如停止时间，最后点击【查询】。如图 7-3 所示。

图 7-3　停止计时查询

（3）恢复计时

对于已停止计时的案卷可以恢复计时。操作方法如下：

在查询出相关停止计时的记录后，选择某一待恢复计时的案卷，右键点击【恢复计时】。如图 7-4 所示。

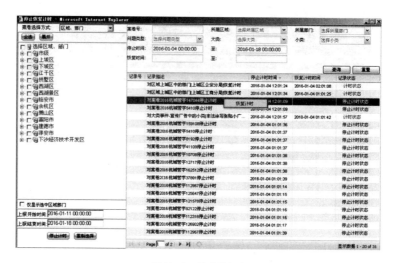

图 7-4　恢复计时

2. 专项普查

（1）在系统主界面上点击【专项普查】，系统页面刷新为专项普查子系统页面。如图 7-5 所示。

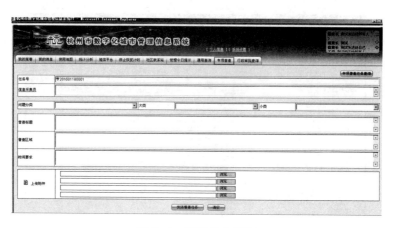

图 7-5　专项普查界面

（2）选择普查下发的采集员，如图 7-6 所示。

（3）填写普查信息，包括"普查大（小）类"、"普查区域"、"普查时间要求"等信息。在填写完毕后，点击【发送普查任务】，系统将该普查任务下发到相关采集员。如图 7-7 所示。

七、值班长

图 7-6　选择采集员界面

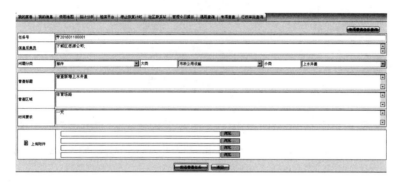

图 7-7　填写普查信息

3. 短信平台

（1）在系统主界面上点击【短信平台】，弹出"短信平台"子系统页面。如图 7-8 所示。

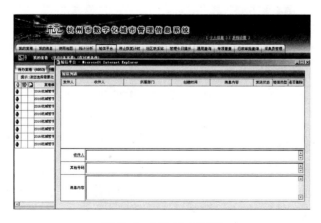

图 7-8　短信平台界面

（2）选择收件人，在短信平台页面上点击【收件人】，弹出收件人列表，如图 7-9 所示。

图 7-9　选择收件人界面

（3）如需要向非收件人列表中的人员发送短信，在"其他号码"中填写号码，在填写完消息内容后，点击【发送】向收件人发送短信。如图 7-10 所示。

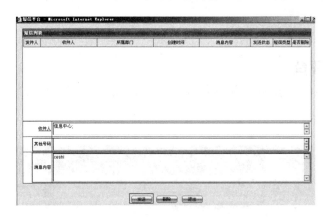

图 7-10　发送短信

4. 采集员管理

（1）采集员查询

根据"采集员状态"、"城区名称"、"采集员姓名"、"工卡号"等查询采集员信息。如图 7-11 所示。

七、值班长

图 7-11　采集员查询

在采集员查询列表中选择某采集员查看该采集员详细信息。如图 7-12 所示。

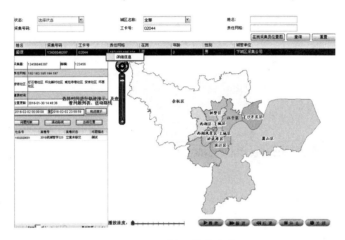

图 7-12　详细信息内容

（2）采集员登录查询

根据"采集员状态"、"城区名称"、"采集员姓名"、"工卡号"等查询采集员登录信息。如图 7-13 所示。

图 7-13　采集员登录查询

系统支持将采集员登录信息导出到EXECL，如图7-14所示。

图7-14　信息导出

（三）行为规范和服务标准

参考"受理员行为规范和服务标准"。

八、指挥长

（一）主要职责

指挥长的主要职责是：督查专业部门的案件办理情况，对专业部门办理困难的案卷进行协调督办，对专业部门的缓办申请进行审批，并负责派遣员工作的管理和日常考评。

（二）操作流程及要求

1. 督办

（1）点击业务平台页面上方的【督办】进入督办栏，督办栏里存放的是专业部门正在办理的案卷，指挥长可以对该部分问题进行督办。如图 8-1 所示。

图 8-1　督办列表

（2）点击左键选中一条要督办的案卷，然后点击左上方的【督办】按钮或者点击鼠标右键在弹出菜单里点击"督办"进入督办窗口。如图 8-2 所示。

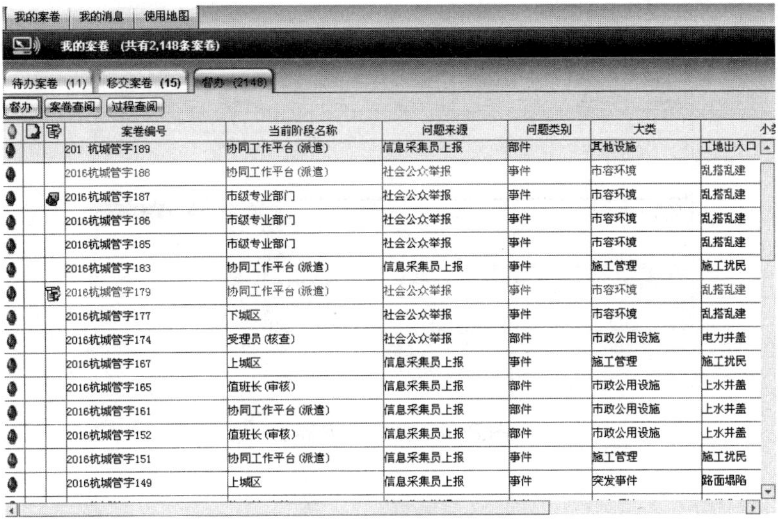

八、指挥长

图 8-2 督办窗口

（3）填写"督办意见"及"希望答复天数"，点击【确定】发送督办意见。如图 8-3 所示。

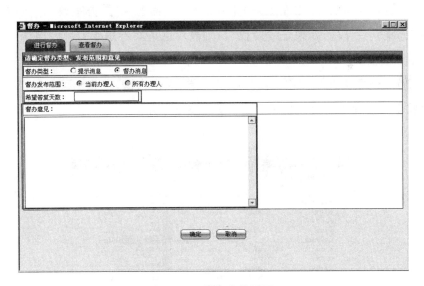

图 8-3 督办意见界面

（4）对于督办过的案卷可点击【查看督办】查看专业部门的"答复意见"。如图 8-4 所示。

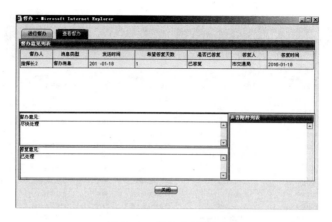

图8-4 督办查看界面

2. 答复授权

当专业部门由于客观原因等造成问题无法在规定时间内完成而向指挥长申请了延期或缓办授权,这时指挥长需要对申请的授权答复"同意"或者"不同意"。

(1)登录系统后,点击左上方的【我的案卷】箱进入"待办案卷"栏,查看"案卷当前阶段"字段,如果是"授权",则表示这条案卷是专业部门申请了授权需要给予答复。

(2)左键点击选中需要答复授权的案卷,点击右键,在弹出菜单里点击【答复授权】就会弹出答复授权的页面。如图8-5所示。

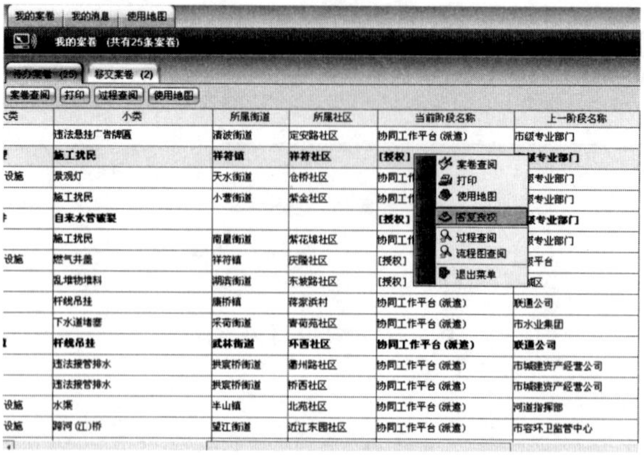

图8-5 答复授权

（3）在答复授权页面中查看申请原因，填写答复意见，并选择【同意】或者【不同意】，然后点击【确定】即可答复授权意见。如图 8-6 所示。

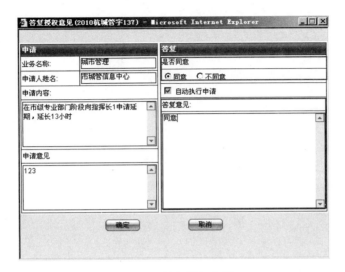

图 8-6　答复授权意见

（三）行为规范和服务标准

参考"派遣员行为规范和服务标准"。

九、立、结案规范及常见问题案例

（一）立、结案规范

以杭州市数字化城市管理为例，说明立、结案规范。详见附录10。

（二）常见问题案例

1. 正常结案类

（1）街面秩序

文渊路西（2号大街—华景街）灯杆西侧人行道上有无照游商，开发区城管执法中队已教育劝离。如图9-1、图9-2所示。

图9-1　街面无照游商　　　　　　图9-2　街面无游商

（2）宣传广告

杭州新塘路与新风路原车站南路交叉口西南侧280米电杆张贴有小广告，已处理。如图9-3、图9-4所示。

杭州笕丁路331号峰会道路对面线杆上张贴有小广告，已清除。如图9-5、图9-6所示。

九、立、结案规范及常见问题案例

图9-3 电线杆张贴有小广告

图9-4 电线杆无小广告

图9-5 电线杆贴有小广告

图9-6 电线杆小广告已清除

2. 先行结案类

（1）园林绿化

上塘路282号南侧约30米行道树倒伏，阻碍行人，可先维护结案，还有地面不洁的问题，再以新案卷上报后进行处理。如图9-7、图9-8所示。

（2）渣土乱倒

杭州萍水东街与湖州街交叉口东北侧往北约60米处有渣土乱倒，原渣土已清除，但产生新倒渣土的情况，原案卷可以先行结案，新问题上报新案卷。如图9-9、图9-10所示。

111

图 9-7　道树倒伏　　　　图 9-8　地面不洁

图 9-9　渣土乱倒　　　　图 9-10　新倒渣土

（3）污水井盖

曙光路与浙大路交叉口西北侧约 9 米处车行道上污水井盖破损，存在井盖缺失、移位问题，可维护结案，但是路面柏油未处理，原案卷可以先行结案，新问题上报新案卷。如图 9-11、图 9-12 所示。

图 9-11　污水井盖破损　　图 9-12　路面柏油未处理

3. 不能结案类

（1）市政公用设施

小河直街小河直街 61 号北侧约 5 米其他交接箱门锁关不上，未处理好。如图 9-13、图 9-14 所示。

图 9-13　交接箱门锁关不上　　　图 9-14　交接箱门锁关不上未处理好

（2）街面秩序

文津路与学源街交叉口东北侧 10 米人行道上有乱堆物，问题未处理好。如图 9-15、图 9-16 所示。

图 9-15　人行道上有乱堆物　　　图 9-16　人行道上有乱堆物未处理好

（3）突发事件

北大街西侧街 269 号星众数码图文东北约 15 米处车行道上有积水，问题未处理好。如图 9-17、图 9-18 所示。

图 9-17　车行道上有积水　　图 9-18　车行道上有积水未处理好

附 录

附录1 事件上报要求

采集员在上报信息时应根据不同情况进行准确判断和描述。具体为:

一、对面

指以道路双号门牌号起至道路另一端单号门牌号止,其间的距离,而非双号或单号门牌至人行道间的距离,同一侧门牌严禁使用"对面"。如下图所示:A到B、B到A可称"对面";A到C、8号至10号禁用"对面"。

观巷8号	观巷10号	A	A
人 行 道			
慢 车 道		C	
车 行 道			
慢 车 道			
人 行 道			
	观巷9号	B	

位置图

二、方位

特指东、南、西、北四个方向,不包括左、右、斜对面,一般用于辅助说明。

三、走向

一般应用于公交类问题上报,指某条道路由方向"X"向方向"Y"(如庆春路由"东"向"西"走向)。

注:案卷描述时禁用左、右等方位词,相对于特殊要求的小类在案卷描述时必须严格按照特殊规范要求上报。

四、地址描述范例

1. 有门牌号类

（1）路名＋门牌号＋固定标志性建筑＋问题描述

案例：文二路 80 号阿毛水果店前行道树下有暴露垃圾。

（2）路名＋门牌号＋固定标志性建筑＋具体店名＋方位＋问题描述

案例：文二路 80 号阿毛水果店东侧人行道平侧石边有乱堆物料。

注：根据问题所在位置分清方向（必须以东南西北进行标注，严禁用左右来描述）。

（3）路名＋门牌号＋固定标志性建筑＋方位＋距离（门牌号距问题发生点具体距离）＋问题描述

案例 1：之江东路 87 号 XX 派出所南侧 80 米处有行道树倾倒。

案例 2：之江东路 87 号向南 60 米处之江派出所南侧 5 米有一无名小巷内上水井盖缺失。

案例 3：河坊街 18 号向东 12 米拐角小巷进内 20 米处有道路破损。

注：一般用于道路虽有门牌号，但门牌号不全或两个门牌间相隔距离较远的情况下使用。

2. 无门牌号类

（1）路名＋门牌号＋固定标志性建筑＋对面＋问题描述

注：必须注明只有单侧门牌

（2）路名＋固定标志性建筑＋具体方位＋问题描述

案例：莫干山路之江饭店大门向北约 50 米处温馨花店前人行道破损（此处无门牌号）。

注：必须注明无门牌

3. 十字路口类

（1）路段＋具体方位＋问题描述

案例：丰潭路西侧马路（天目山路与文三西路之间路段）黄龙公寓 11-1 幢楼房下临街店面正新玻璃店前有行道树断裂（此处无门牌号）。

（2）路口＋路段＋具体方位＋问题描述（注明路段无门牌）。

案例 1：之江路与钱江路交叉口（之江路上）由东向西 150 米南侧人行道上人行道板破损（此路段无门牌）。

案例2：之江路与钱江路交叉口（之江路上）由西向东前行至之江路中段（约××米左右）东侧河道护栏破损（此路段无门牌）。

注：（1）此类情况可结合道路周边全景图片来辅助说明案卷位置发生点，但一定要选好拍摄角度，避免只有绿化全景，而无整条道路全貌的取景。

（2）若距离问题发生地点较大范围内无门牌号，但马路对面有门牌号的情况，也可借助马路对面的门牌号进行填写，但绝不允许在问题发生点有门牌号的情况下用马路对面的门牌号。

4. 特殊情况类

（1）交叉路口＋方向＋距离＋固定标志性建筑＋问题描述

案例：体育场路与延安路交叉口（延安路上）向南约15米处中国工商银行门前交通护栏脱落。

注：交通护栏破损不是在交叉口而是在道路上

（2）道路名称＋公交走向＋公交站名＋问题状况

案例：延安路由南向北胜利剧院站同一块站牌上有手写小广告共3处。

注：某公交站如有多处小广告，但张贴位置有不同须注明。如"站牌2处，站台1处"以便处理部门了解情况。

五、问题描述

1. 根据现场实际情况进行描述

例如：突发事件现场有无现场抢修人员须注明。

2. 根据问题程度不同进行描述

例如：破损、缺失、弹跳、沉降等。

3. 根据情况不同进行描述

例如：绿地裸露、绿地小草枯死等。

4. 根据类别不同进行描述

例如：人行道、快车道、慢车道；上水井盖、电力井盖、雨水井盖。

六、案卷拍摄操作

信息采集要求有精准、清晰的现场图片，信息采集员应在采集器持握、拍摄角度、站位高低、特征反映等方面符合要求。具体为：

（1）手持采集器，保持水平，对准拍摄对象，确保拍摄不抖动、不歪斜，图片清晰。

（2）拍摄问题近景一张（要求看清问题特征，如破损大小、堆物面积范围大小、文字可辨等）。

（3）拍摄问题发生点全景一张，要求有背景参照物（背景参照物指问题发生点旁较为固定的不会因拍摄时间不同而有所改变的物体，如行道树、建筑物、垃圾房、果壳箱、道路等，以便受理中心在核查回复时根据上报与回复图片对比来判断问题是否已处理完毕）。

（4）除店外经营可上报一张图片外，其他所有上报图片数量必须为2～5张。

（5）夜间采集拍照应当打开随身携带的照明灯，使用夜间模式拍摄，防止图片虚化。

附录2 信息采集评价比率指标

序号	指标名称	计算公式
1	上报基数完成率	有效上报数/上报基数
2	平均有效上报数完成率	有效上报数/平均有效上报数
3	巡查区域覆盖率	巡查路线长度/巡查应覆盖路线长度
4	上报类别覆盖率	上报事、部件问题信息类别数/事、部件类别总数
5	检查漏报率	漏报件数/校核基数
6	有效上报率	有效上报数/上报数
7	差错率	(无效上报数+核查回复无效数+核实回复无效数)/(上报数+核查回复数+核实回复数)
8	核实核查回复率	核实回复数+核查回复数/应核实回复数+应核查回复数
9	按时核实核查回复率	按时核实回复数+按时核查回复数/应核实回复数+应核查回复数

附录3 基本指标说明

序号	指标名称	说明
1	信息采集员上报数	信息采集员巡查上报的案件数
2	公众举报数	公众举报的案件数
3	上报案件数	信息采集员上报数与公众举报数之和
4	信息采集员有效上报数	在信息采集员上报数中，经监督中心审核立案的案件数
5	公众举报有效数	公众举报数中，经监督中心审核立案的案件数
6	有效上报数	信息采集员有效上报数与公众有效举报数之和
7	信息采集员失报数	信息采集员因主观原因，失报案件的信息数
8	应核实数	公众举报中，应由采集员核实的案件数
9	核实数	应核实数中，信息采集员完成核实的案件数
10	按时核实数	应核实数中，信息采集员在规定时限内完成核实的案件数
11	应核查数	专业部门完成处置后应由信息采集员进行现场核查的案件数
12	核查数	专业部门完成处置的案件中，信息采集员已完成现场核查的案件数
13	按时核查数	应核查数中，信息采集员在规定核查期限内完成核查的案件数
14	受理员批转数	受理员受理案件批转给值班长立案的案件数
15	受理员有效批转数	受理员批转案件中，值班长审核立案的案件数
16	立案数	有效上报数减去立案后作废的案件数
17	按时立案数	立案数中，由监督中心在规定的立案时限内予以立案的案件数
18	立案差错数	立案后被派遣部门回退并作废的案件数
19	应派遣数	指挥中心应派遣给专业部门处置的案件数
20	派遣数	指挥中心派遣给专业部门处置的案件数
21	按时派遣数	指挥中心在规定的派遣时限内派遣给专业部门的案件数
22	准确派遣数	指挥中心准确派遣给专业部门的案件数
23	错误派遣数	指挥中心通过二次以上（含二次）派遣才准确派遣到相应部门的案件数
24	反复发案数	在同一地点发生同一类型的案件数
25	应处置数	立案数中，专业部门按照处置规范要求应该完成处置的案件数
26	处置数	立案数中，专业部门按照处置规范要求已经完成处置的案件数。该值等于同期的按时处置数和超期处置数之和

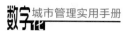

续表

序号	指标名称	说明
27	按期处置数	应处置数中，专业部门按照处置规范要求，在处置时限内已完成处置的案件数
28	超期处置数	应处置数中，专业部门完成处置所用时间超过规定处置时间的案件数
29	超期未处置	应处置数中，专业部门在超过规定处置时限后仍未完成处置的案件数
30	提前处置数	应处置数中，案件处置时限的截止事件不在本统计周期内，但在本统计周期内专业部门完成处置的案件数
31	核查按时批转数	核查案件中，由监督中心在规定的批转时限内批转给采集员进行核查的案件数
32	核查准确批转数	核查案件中，监督中心准确批转给采集员核查的案件数
33	应结案数	立案数中，在规定的结案时限内应该结案的案件数
34	结案数	立案数中，监督中心给予结案的案件数。该值等同于同期的按期处理数与超期处理数之和
35	按期结案数	应结案数中，在规定的结案时限内结案的案件数
36	超期结案数	应结案数中，超出规定的结案时限后结案的案件数
37	缓办数	指挥中心核准专业部门缓期办理的案件数
38	延期数	指挥中心核定专业部门延期办理的案件数
39	返工数	因未通过监督中心核查而发回专业部门重新处置的案件数
40	返工次数	因未通过监督中心核查而发回专业部门重新处置的所有案件返回的次数之和
41	挂账数	因责任不明无法派遣或客观条件所限无法处置，暂时挂起的案件数
42	同类案件平均处置时间	专业部门完成某类案件处置的平均所用时间，该值等于该类已完成案件处置所用时间之和与已完成案件处置总数之比

注意：基本指标中所指规定时间内均按《浙江省数字化城市管理部件和事件分类与立结案标准》DB33/1059—2008 规定的时限为依据

附录4 比率指标计算公式

序号	指标名称	计算公式
1	有效上报率	有效上报数 / 上报数
2	信息采集员有效上报率	信息采集员有效上报数 / 信息采集员上报数
3	公众举报率	公众有效举报数 / 有效上报数
4	失报率	信息采集员失报信息数 / 信息采集员上报数
5	核实率	核实数 / 应核实数
6	按时核实率	按时核实数 / 应核实数
7	有效批转率	受理员有效批转数 / 批转数
8	按时立案率	按时立案数 / 立案数
9	立案差错率	立案差错数 / 立案数
10	按时派遣率	按时派遣数 / 应派遣数
11	派遣准确率	准确派遣数 / 派遣数
12	首次派遣准确率	（准确派遣数 − 错误派遣数）/ 派遣数
13	缓办率	缓办数 / 派遣数
14	延期率	延期数 / 派遣数
15	处置率	处置数 / 应处置数
16	按期处置率	按期处置数 / 应处置数
17	超期处置率	超期处置数 / 应处置数
18	挂账率	挂账数 / 应处理数
19	返工率	返工数 / 处置数
20	驳回率	返工次数 / 处置数
21	一次完成率	1 − 返工率
22	核查率	核查数 / 应核查数
23	按时核查率	按时核查数 / 应核查数
24	结案率	结案数 / 应结案数
25	按期结案率	按期结案数 / 应结案数
26	超期结案率	超期结案数 / 应结案数
27	环比率	本期应对数 / 上期应对数

注意：1）比率指标采用百分数表示，宜保留小数点后两位
　　　2）当驳回率大于100%时按100%计
　　　3）环比率计算公式中"本期应对数"和"上期应对数"可以是基本指标或其他比率指标。"本期应对数"和"上期应对数"的期限定义可以是月、季、年
　　　4）各城市可根据本地实际情况，在现有比率指标基础上扩展形成新的比率指标

附录5 绩效评价分类指标

A 类指标		B 类指标	综合
基本指标	比率指标		
信息采集员上报数； 信息采集员有效上报数； 信息采集员失报数； 核实数； 按时核实数； 核查数； 按时核查数	采集员有效上报率； 按时核实率； 按时核查率	漏报案件； 公司投诉； 人员到岗情况； 有责重大漏报案件； 合理化建议	
受理员批转数； 受理员有效批转数； 按时批转数； 立案数； 按时立案数； 立案差错数	有效批转率； 按时批转率； 立案差错率	举报案件受理； 突发事件跟踪； 错误结案； 受理人员培训	
应派遣数； 派遣数； 按时派遣数； 准确派遣数； 错误派遣数	按时派遣率； 准确派遣率； 重复派遣率	缓办案件核实； 派遣人员培训； 案件纠错； 《数字城管信息》编印	$S = A_i \cdot m_i + B_i \cdot n_i$ （m_i、n_i 为指标的权重系数）
应处置数； 按期处置数； 超期处置数； 超期未处置数； 提前处置数； 应结案数； 按期结案数； 超期结案数； 延期（缓办）数； 返工数	处置率； 按时处置率； 延期（缓办）率； 返工率	12319 举报案件； 12345 举报案件； 案件下降情况	

附录

附录6 区域评价示例

一、区域评价示例1

统计时间段　　　　　　　　统计时间

城区	A类指标				B类指标				综合分值	等级
	立案数	结案数	按期结案数	按期结案率	公众举报案卷数量	案件下降率	投诉案件	重大案件（事故）		
城区一										
城区二										
城区三										

二、区域评价示例2

统计时间段　　　　　　　　统计时间

城区	社区	A类指标				B类指标				综合分值	等级
		立案数	结案数	按期结案数	按期结案率	公众举报案卷数量	案件下降率	投诉案件	重大案件（事故）		
城区	社区一										
	社区二										
	社区三										

附录7 专业部门与采集公司评价

一、专业部门评价

统计时间段　　　　　　　统计时间

部门	A类指标							B类指标			综合分值	等级
	应处理数	结案数	按期结案数	按期结案率	按期处置数	按期处置率	返工率	案件下降率	公众举报投诉案件	重大案件（事故）		
部门一												
部门二												
部门三												
部门四												

二、采集公司评价

统计时间段　　　　　　　统计时间

公司名称	A类指标						B类指标				综合分值	等级
	信息上报数	有效上报数	按时核实率	按时核查率	失报率	作废率	公众举报	投诉案件	违纪	责任事件	基数完成率	
采集公司一												
采集公司二												
采集公司三												
采集公司四												

附录B 信息采集员、受理员、值班长、派遣员评价示例

一、采集公司岗位评价示例（采集员）

统计时间段　　　　　统计时间

姓名	区域		A类指标						B类指标				综合分值	等级
	街道	责任网格	信息上报数	有效上报数	按时核实率	按时核查率	失报率	作废率	公众举报数	投诉案件	违纪	责任事件		
采集员A	街道一	网格01												
采集员B		网格02												
采集员C		网格03												
		网格04												

二、监督中心岗位评价示例（受理员、值班长）

统计时间段　　　　　统计时间

姓名	A类指标						B类指标			综合分值	等级
	信息受理（立案）数	有效批转	有效批转率	按时批转率	按时结案率	差错率	受理公众（投诉）举报	突发事件跟踪	错误结案		
值班长A											
值班长B											
受理员A											
受理员B											

三、指挥中心岗位评价示例（派遣员）

姓名	统计时间段			统计时间						综合分值	等级
	A类指标						B类指标				
	案件派遣数	准确派遣数	准确派遣率	按时派遣数	按时派遣率	差错率	缓办案件核实	突发事件跟踪	纠错案件		
派遣员A											
派遣员B											

附录9　信息采集用语示例

一、采集规范用语

1. 常用礼貌用语

您好,我是数字城管信息采集员×××,麻烦您了,谢谢。

谢谢,请谅解。

对不起,请原谅。

请您走好,有事再联系,再见。

……

2. 解释问题用语

谢谢您对我工作的理解、配合。

非常感谢您反映的这些问题。

您反映的问题我一定帮您转达,并及时给您回复。

……

3. 产生矛盾时用语

请您别激动,听我解释。

您别着急,有事我们可以沟通。

这是我的证件,请您查看。

……

二、采集禁忌用语

1. 利益类

我们权利蛮大的,同我搞好关系,我就少拍点。

我们是有采集量的,上面要我们冲量,我们不得不拍。

我们是有任务的,不拍点东西上去,我们要扣钞票的。

……

2. 推卸类

你有意见找市长去，市长叫干的。

上面叫我拍的，不关我的事。

你问我，我问谁。

……

3. 威胁类

我是代表政府管你们的。

你这是违法乱纪，小心收拾你。

喊什么，我是专门查你们的。

……

4. 粗话类

我是数字城管，你算老几。

你这人是不是有毛病，疯什么疯。

你脑子弄不弄的灵清，老子是帮你发现问题。

都是混口饭吃，你凶什么凶？

……

5. 挑拨类

你不要弄得我不舒服，否则得话，我人家不拍，就天天盯牢你拍。

今天我肯定是要拍的，大家合作点，不然的话我就天天来拍，拍死你。

我就这态度，有本事你告去。

……

6. 工作理解类

你这个也不让我拍，那个也不让我拍，那你叫我拍什么，回去喝西北风啊。

我不拍你，你不是没事情做啦。

我每天必须拍多少件，拍够了就不来了。

……

附录10 立、结案规范

一、主城区

杭州市数字化城市管理部件和事件立案结案规范（主城区2015年修订版）

一、部件

大类代码	大类名称	小类代码	小类名称	法律依据	管理主体	立案规范 主要道路（市政行业专指管道路）	立案规范 次要道路（市政行业专指管道路）	立案规范 背街小巷（市政行业专指功能道路）	其他	采集时间	结案规范 I	结案规范 II	处置时限 主要道路 I	主要道路 II	次要道路 I	次要道路 II	背街小巷 I	背街小巷 II
01	市政公用设施	01	上水井盖	《杭州市城市市容和环境卫生管理条例》第二十条第二款；《杭州市地下管线盖板管理办法》第十三条	水务公司、街道（乡、镇）、城区管理局	缺失、移位	缺失、移位	缺失、移位	缺失、移位	7:30~21:00	围护或恢复	恢复	2应急工作时	1工作日	2应急工作时	1工作日	2应急工作时	1工作日
						移位已围护	移位已围护	移位已围护	移位已围护									
						破损超过25cm²，开裂且影响安全	破损超过25cm²，开裂且影响安全	破损超过25cm²，开裂且影响安全	破损超过50cm²，开裂且影响安全			修复	4工作时	2工作日	4工作时	3工作日	4工作时	4工作日
						沉降最深处超过2cm，凸起最高处超过2cm	沉降最深处超过2cm，凸起最高处超过2cm	沉降最深处超过2cm，凸起最高处超过2cm				修复						
						井盖与井座不配套、井盖翘破或松动	井盖与井座不配套、井盖翘破或松动	井盖与井座不配套、井盖翘破或松动	井盖与井座不配套、井盖翘破或松动			修复	4应急工作时	2工作日	4应急工作时	3工作日	4应急工作时	2工作日
						不存在安全隐患的上述问题（道路红线外设施）	不存在安全隐患的上述问题（道路红线外设施）	不存在安全隐患的上述问题（道路红线外设施）	不存在安全隐患（道路红线外设施）			修复	2工作日		2工作日		2工作日	

续表

大类代码	大类名称	小类代码	小类名称	法律依据	管理主体	立案规范				采集时间	结案规范		处置时限					
						主要道路（市政行业专指市管道路）	次要道路（市政行业专指区管道路）	背街小巷（市政行业专指功能道路）	其他		I	II	主要道路（市政行业专指市管道路）		次要道路（市政行业专指区管道路）		背街小巷（市政行业专指功能道路）	
													I	II	I	II	I	II
01	市政公用设施	02	污水井盖	《浙江省城市道路管理办法》第二十条；《杭州市市容和环境卫生管理条例》第二款；《杭州市地下管线盖板管理办法》第十三条	水务公司（排水公司）、区城管局、街道（乡、镇）	缺失、移位	缺失、移位	缺失、移位	缺失、移位		围护或恢复		2应急工作时		2应急工作时		2应急工作时	
						缺失、移位已围护	缺失、移位已围护	缺失、移位已围护	缺失、移位		恢复		1工作日		1工作日		1工作日	
						破损超过25cm²，开裂且影响安全	破损超过25cm²，开裂且影响安全	破损超过25cm²，开裂且影响安全	破损超过50cm²，开裂且影响安全		修复		4工作时		4工作时		4工作时	
						沉降最深处超过2cm，凸起最高处超过2cm	沉降最深处超过2cm，凸起最高处超过2cm	沉降最深处超过2cm，凸起最高处超过2cm	沉降最深处超过2cm，凸起最高处超过2cm	7:30~21:00	修复		2工作日		3工作日		3工作日	
						井盖与井座不配套，井盖翘破或松动	井盖与井座不配套，井盖翘破或松动	井盖与井座不配套，井盖翘破或松动	井盖与井座不配套，井盖翘破或松动		修复		4应急工作时		4应急工作时		4应急工作时	
						不存在的上述问题（道路红线外设施）	不存在的上述问题（道路红线外设施）	不存在的上述问题（道路红线外设施）	不存在安全隐患的上述问题（道路红线外设施）		修复		2工作日		2工作日		2工作日	

附　录

续表

大类代码	大类名称	小类代码	小类名称	法律依据	管理主体	立案规范				采集时间	结案规范		处置时限					
						主要道路（市政行业专指市管道路）	次要道路（市政行业专指区管道路）	背街小巷（市政行业专指功能道路）	其他		I	II	主要道路（市政行业专指市管道路）		次要道路（市政行业专指区管道路）		背街小巷（市政行业专指功能道路）	
													I	II	I	II	I	II
01	市政公用设施	03	雨水井盖	《杭州市城市市容和环境卫生管理条例》第二十条第二款、《杭州市地下管线盖板管理办法》第十三条	区城管局、街道（乡、镇）	缺失、移位	缺失、移位	缺失、移位	缺失、移位	7:30~21:00	围护或恢复		2应急工作时		2应急工作时		2应急工作时	
						缺失、移位已围护	缺失、移位已围护	缺失、移位、围护	缺失、移位、围护		恢复		1工作日		1工作日		1工作日	
						破损超过25cm²，开裂且影响安全	破损超过25cm²，开裂且影响安全	破损超过25cm²，开裂且影响安全	破损超过50cm²，开裂且影响安全		修复		4工作时		4工作时		4工作时	
						沉降最深处超过2cm、凸起最高处超过2cm	沉降最深处超过2cm、凸起最高处超过2cm	沉降最深处超过2cm、凸起最高处超过2cm	沉降最深处超过2cm、凸起最高处超过2cm		修复		2工作时		3工作日		3工作日	
						井盖与井座不配套、井盖翘破或松动	井盖与井座不配套、井盖翘破或松动	井盖与井座不配套、井盖翘破或松动	井盖与井座不配套、井盖翘破或松动		修复		4应急工作时		4应急工作时		4应急工作时	
						不存在安全隐患的上述红线外设施（道路红线外设施）	不存在安全隐患的上述红线外设施（道路红线外设施）	不存在安全隐患的上述红线外设施（道路红线外设施）	不存在安全隐患的上述红线外设施（道路红线外设施）		修复		2工作日		2工作日		2工作日	

续表

大类代码	大类名称	小类代码	小类名称	法律依据	管理主体	立案规范				采集时间	结案规范		处置时限					
						主要道路（市政行业专指市管道路）	次要道路（市政行业专指区管道路）	背街小巷（市政行业专指功能道路）	其他		I	II	主要道路（市政行业专指市管道路）		次要道路（市政行业专指区管道路）		背街小巷（市政行业专指功能道路）	
													I	II	I	II	I	II
01	市政公用设施	04	雨水箅子	《杭州市市容和环境卫生管理条例》第二十条第二款；《杭州市地下管线盖板管理办法》第十三条	区城管局、街道(乡、镇)	缺失、移位	缺失、移位	缺失、移位	缺失、移位	7:30~21:00	围护或恢复		2应急工时		2应急工时		2应急工时	
						缺失、移位已围护	缺失、移位已围护	缺失、移位已围护	缺失、移位已围护		恢复		1工作日		1工作日		1工作日	
						破损超过25cm²，开裂且影响安全	破损超过25cm²，开裂且影响安全	破损超过25cm²，开裂且影响安全	破损超过50cm²，开裂且影响安全		修复		4工时		4工时		4工时	
						沉降最深处超过2cm，凸起最高处超过2cm	沉降最深处超过2cm，凸起最高处超过2cm	沉降最深处超过2cm，凸起最高处超过2cm	沉降最深处超过2cm，凸起最高处超过2cm		修复		2工作日		3工时		3工时	
						井盖与井座不配套、井盖翘起或松动	井盖与井座不配套、井盖翘起或松动	井盖与井座不配套、井盖翘起或松动	井盖与井座不配套、井盖翘起或松动		修复		4应急工时		4应急工时		4应急工时	
						不存在安全隐患的上述问题（道路红线外设施）	不存在安全隐患的上述问题（道路红线外设施）	不存在安全隐患的上述问题（道路红线外设施）	不存在安全隐患的上述问题（道路红线外设施）		修复		2工作日		2工作日		2工作日	

附　录

续表

大类代码	大类名称	小类代码	小类名称	法律依据	管理主体	立案规范				采集时间	结案规范		处置时限					
						主要道路（市政行业专指市管道路）	次要道路（市政行业专指区管道路）	背街小巷（市政行业专指功能道路）	其他		I	II	主要道路（市政行业专指市管道路）		次要道路（市政行业专指区管道路）		背街小巷（市政行业专指功能道路）	
													I	II	I	II	I	II
01	市政公用设施	05	电力井盖	《杭州市城市市容和环境卫生管理条例》第二十条第二款；《杭州市地下管线盖板管理办法》第十三条	电力局、街道（乡、镇）、区城管局	缺失、移位	缺失、移位	缺失、移位	缺失、移位	7:30~21:00	围护或恢复		2应急工作时		2应急工作时		2应急工作时	
						缺失、移位已围护	缺失、移位已围护	缺失、移位已围护	缺失、移位已围护		恢复		1工作日		1工作日		1工作日	
						破损超过25cm²，开裂且影响安全	破损超过25cm²，开裂且影响安全	破损超过25cm²，开裂且影响安全	破损超过50cm²，开裂且影响安全		修复		4工作日		4工作日		4工作日	
						沉降最深处超过2cm，凸起最高处超过2cm	沉降最深处超过2cm，凸起最高处超过2cm	沉降最深处超过2cm，凸起最高处超过2cm	沉降最深处超过2cm，凸起最高处超过2cm		修复		2工作日		3工作日		3工作日	
						井盖与井座不配套、井盖翘破或松动	井盖与井座不配套、井盖翘破或松动	井盖与井座不配套、井盖翘破或松动	井盖与井座不配套、井盖翘破或松动		修复		4应急工作时		4应急工作时		4应急工作时	
						不存在安全隐患的上述问题（道路红线外设施）	不存在安全隐患的上述问题（道路红线外设施）	不存在安全隐患的上述问题（道路红线外设施）	不存在安全隐患的上述问题（道路红线外设施）		修复		2工作日		2工作日		2工作日	

续表

大类代码	大类名称	小类代码	小类名称	法律依据	管理主体	立案规范 主要道路（市政行业专指市管道路）	立案规范 次要道路（市政行业专指区管道路）	立案规范 背街小巷（市政行业专指功能道路）	立案规范 其他	采集时间	结案规范 I	结案规范 II	处置时限 主要道路 I	处置时限 主要道路 II	处置时限 次要道路 I	处置时限 次要道路 II	处置时限 背街小巷 I	处置时限 背街小巷 II
01	市政公用设施	06	路灯井盖	《城市照明管理规定》第二十三条；《杭州市市容和环境卫生管理条例》第二十条第二款；《杭州市地下管线盖板管理办法》第十三条	路灯所、亮灯监管中心、街道（乡、镇）、城区入管	缺失、移位	缺失、移位	缺失、移位	缺失、移位	7:30~21:00	围护或恢复		2应急工作时		2应急工作时		2应急工作时	
						缺失、移位已围护	缺失、移位已围护	缺失、移位已围护	缺失、移位		恢复		1工作日		1工作日		1工作日	
						破损超过25cm²，开裂且影响安全	破损超过25cm²，开裂且影响安全	破损超过25cm²，开裂且影响安全	破损超过50cm²，开裂且影响安全		修复		4工作时		4工作时		4工作日	
						沉降最深处超过2cm，凸起最高处超过2cm	沉降最深处超过2cm，凸起最高处超过2cm	沉降最深处超过2cm，凸起最高处超过2cm	沉降最深处超过2cm，凸起最高处超过2cm		修复		2应急工作时		3工作日		3工作日	
						井盖与井座不配套，井盖翘破或松动	井盖与井座不配套，井盖翘破或松动	井盖与井座不配套，井盖翘破或松动	井盖与井座不配套，井盖翘破或松动		修复		4应急工作时		4应急工作时		4应急工作时	
						不存在安全隐患的上述问题（道路红线外设施）	不存在安全隐患的上述问题（道路红线外设施）	不存在安全隐患的上述问题（道路红线外设施）	不存在安全隐患的上述问题（道路红线外设施）		修复		2工作日		2工作日		2工作日	

附 录

续表

大类代码	大类名称	小类代码	小类名称	法律依据	管理主体	立案规范				采集时间	结案规范		处置时限					
						主要道路（市政行业指主管道路）	次要道路（市政行业指区管道路）	背街小巷（市政行业指功能道路）	其他		I	II	主要道路（市政行业指主管道路）		次要道路（市政行业指区管道路）		背街小巷（市政行业指功能道路）	
													I	II	I	II	I	II
01	市政公用设施	07	电信井盖	《杭州市城市市容和环境卫生管理条例》第二十条第二款；《杭州市地下管线管板管理办法》第十三条	电信公司、街道、乡、镇、区城管局	缺失、移位	缺失、移位	缺失、移位	缺失、移位		围护或恢复		2应急工时	2应急工时	2应急工时	2应急工时	2应急工时	2应急工时
						缺失、移位已围护	缺失、移位已围护	缺失、移位已围护	缺失、围护		恢复		1工作日		1工作日		1工作日	
						破损超过25cm²，开裂且影响安全	破损超过25cm²，开裂且影响安全	破损超过25cm²，开裂且影响安全	破损超过50cm²，开裂且影响安全	7:30~21:00	修复		4工作日		4工作日		4工作日	
						沉降最深处超过2cm，凸起最高处超过2cm	沉降最深处超过2cm，凸起最高处超过2cm	沉降最深处超过2cm，凸起最高处超过2cm	沉降最深处超过2cm，凸起最高处超过2cm		修复		2工作日		3工作日		3工作日	
						井盖与井座不配套，井盖翘破或松动	井盖与井座不配套，井盖翘破或松动	井盖与井座不配套，井盖翘破或松动	井盖与井座不配套，井盖翘破或松动		修复		4应急工时		4应急工时		4应急工时	
						不存在安全隐患的上述问题（道路红线外设施）	不存在安全隐患的上述问题（道路红线外设施）	不存在安全隐患的上述问题（道路红线外设施）	不存在安全隐患的上述问题（道路红线外设施）		修复		2工作日		2工作日		2工作日	

续表

大类代码	大类名称	小类代码	小类名称	法律依据	管理主体	立案规范				采集时间	结案规范		处置时限					
						主要道路（市政行业专指市管道路）	次要道路（市政行业专指区管道路）	背街小巷（市政行业专指功能道路）	其他		I	II	主要道路（市政行业专指市管道路）		次要道路（市政行业专指区管道路）		背街小巷（市政行业专指功能道路）	
													I	II	I	II	I	II
01	市政公用设施	08	电视井盖	《杭州市城市市容和环境卫生管理条例》第二十条第二款；《杭州市地下管线盖板管理办法》第十三条	华数公司、街道（乡镇）、区城管局	缺失、移位	缺失、移位	缺失、移位	缺失、移位	7:30～21:00	围护或恢复		2应急工作时		2应急工作时		2应急工作时	
						缺失、移位已围护	缺失、移位已围护	缺失、移位已围护	缺失、移位已围护		恢复		1工作日		1工作日		1工作日	
						破损超过25cm²，开裂且影响安全	破损超过25cm²，开裂且影响安全	破损超过25cm²，开裂且影响安全	破损超过50cm²，开裂且影响安全		修复		4工作日		4工作日		4工作日	
						沉降最深处超过2cm，凸起最高处超过2cm	沉降最深处超过2cm，凸起最高处超过2cm	沉降最深处超过2cm，凸起最高处超过2cm	沉降最深处超过2cm，凸起最高处超过2cm		修复		2工作日		3工作日		3工作日	
						井盖与井座不配套，井盖翘起或松动	井盖与井座不配套，井盖翘起或松动	井盖与井座不配套，井盖翘起或松动	井盖与井座不配套，井盖翘起或松动		修复		4应急工作时		4应急工作时		4应急工作时	
						不存在安全隐患问题（道路红线外设施）	不存在安全隐患问题（道路红线外设施）	不存在安全隐患问题（道路红线外设施）	不存在安全隐患问题（道路红线外设施）		修复		2工作日		2工作日		2工作日	

附 录

续表

大类代码	大类名称	小类代码	小类名称	法律依据	管理主体	立案规范 主要道路（市政行业专指市管道路）	立案规范 次要道路（市政行业专指区管道路）	立案规范 背街小巷（市政行业专指功能道路）	立案规范 其他	采集时间	结案规范 I	结案规范 II	处置时限 主要道路 I	处置时限 主要道路 II	处置时限 次要道路 I	处置时限 次要道路 II	处置时限 背街小巷 I	处置时限 背街小巷 II
01	市政公用设施	09	网络井盖	《杭州市城市容和环境卫生管理条例》第二十条第二款；《杭州市地下管线盖板管理办法》第十三条	电信公司、移动公司、联通公司、华数公司、铁通公司、城管区	缺失、移位	缺失、移位	缺失、移位	缺失、移位	7：30～21：00	围护或恢复		2应急工作时		2应急工作时		2应急工作时	
						缺失、移位已围护	缺失、移位已围护	缺失、移位已围护	缺失、移位、围护		恢复		1工作日		1工作日		1工作日	
						破损超过25cm²，开裂且影响安全	破损超过25cm²，开裂且影响安全	破损超过25cm²，开裂且影响安全	破损超过50cm²，开裂且影响安全		修复		4工作日		4工作日		4工作日	
						沉降最深处超过2cm，凸起最高处超过2cm	沉降最深处超过2cm，凸起最高处超过2cm	沉降最深处超过2cm，凸起最高处超过2cm	沉降最深处超过2cm，凸起最高处超过2cm		修复		2工作日		3工作日		3工作日	
						井盖与井座不配套，井盖翘破或松动	井盖与井座不配套，井盖翘破或松动	井盖与井座不配套，井盖翘破或松动	井盖与井座不配套，井盖翘破或松动		修复		4应急工作时		4应急工作时		4应急工作时	
						不存在安全隐患的上述问题（道路红线外设施）	不存在安全隐患的上述问题（道路红线外设施）	不存在安全隐患的上述问题（道路红线外设施）	不存在上述安全隐患设施（道路红线外设施）		修复		2工作日		2工作日		2工作日	

139

续表

大类代码	大类名称	小类代码	小类名称	法律依据	管理主体	立案规范				采集时间	结案规范		处置时限					
						主要道路（市政行业专指市管道路）	次要道路（市政行业专指区管道路）	背街小巷（市政行业专指功能道路）	其他		I	II	主要道路（市政行业专指市管道路）		次要道路（市政行业专指区管道路）		背街小巷（市政行业专指功能道路）	
													I	II	I	II	I	II
01	市政公用设施	10	热力井盖	《杭州市城市市容和环境卫生管理条例》第二十款；《杭州市供热管理办法》第二十一条第（一）项；《杭州市地下管线盖板管理办法》第十三条	燃气公司、街道（乡、镇）、区城管局	缺失、移位	缺失、移位	缺失、移位	缺失、移位	7:30~21:00	围护或恢复	恢复	2应急工时	1工作时	2应急工时	1工作时	2应急工时	1工作时
						缺失、移位已围护	缺失、移位已围护	缺失、移位已围护	缺失、移位围护			修复	1工作时	4工作时	1工作时	4工作时	1工作时	4工作时
						破损超过25cm²，开裂且影响安全	破损超过25cm²，开裂且影响安全	破损超过25cm²，开裂且影响安全	破损超过50cm²，开裂且影响安全			修复	4工作时		4工作时		4工作时	
						沉降最深处超过2cm，凸起最高处超过2cm	沉降最深处超过2cm，凸起最高处超过2cm	沉降最深处超过2cm，凸起最高处超过2cm	沉降最深处超过2cm，凸起最高处超过2cm			修复	2应急工时		3工作日		3工作日	
						井盖与井座不配套、井盖翘破或松动	井盖与井座不配套、井盖翘破或松动	井盖与井座不配套、井盖翘破或松动	井盖与井座不配套、井盖翘破或松动			修复	4应急工时		4应急工时		4应急工时	
						不存在上述安全隐患的（道路红线外设施）	不存在上述安全隐患的（道路红线外设施）	不存在上述安全隐患的（道路红线外设施）	不存在上述安全隐患的（道路红线外设施）			修复	2工作日		2工作日		2工作日	

附 录

续表

大类代码	大类名称	小类代码	小类名称	法律依据	管理主体	立案规范				采集时间	结案规范		处置时限					
						主要道路（市政行业专指市管道路）	次要道路（市政行业专指区管道路）	背街小巷（市政行业专指功能道路）	其他		I	II	主要道路（市政行业专指市管道路）		次要道路（市政行业专指区管道路）		背街小巷（市政行业专指功能道路）	
													I	II	I	II	I	II
01	市政公用设施	11	燃气井盖	《杭州市城市市容和环境卫生管理条例》第二十条第二款；《浙江省燃气管理条例》第三十五条第（七）项；《杭州市地下管线盖板管理办法》第十三条	燃气公司、街道（乡、镇）、区城管局	缺失、移位	缺失、移位	缺失、移位	缺失、移位	7:30~21:00	围护或恢复		2应急工作时		2应急工作时		2应急工作时	
						缺失、移位已围护	缺失、移位已围护	缺失、移位已围护	缺失、移位		恢复		1工作日		1工作日		1工作日	
						破损超过25cm²，开裂且影响安全	破损超过25cm²，开裂且影响安全	破损超过25cm²，开裂且影响安全	破损超过50cm²，开裂且影响安全		修复		4工作日		4工作日		4工作日	
						沉降最深处超过2cm，凸起最高处超过2cm	沉降最深处超过2cm，凸起最高处超过2cm	沉降最深处超过2cm，凸起最高处超过2cm	沉降最深处超过2cm，凸起最高处超过2cm		修复		2工作日		3工作日		3工作日	
						井盖与井座不配套、井盖翘破或松动	井盖与井座不配套、井盖翘破或松动	井盖与井座不配套、井盖翘破或松动	井盖与井座不配套、井盖翘破或松动		修复		4应急工作时		4应急工作时		4应急工作时	
						不存在安全隐患的上述问题（道路红线外设施）	不存在安全隐患的上述问题（道路红线外设施）	不存在安全隐患的上述问题（道路红线外设施）	不存在上述问题隐患（道路红线外设施）		修复		2工作日		2工作日		2工作日	

141

续表

大类代码	大类名称	小类代码	小类名称	法律依据	管理主体	立案规范				采集时间	结案规范		处置时限					
						主要道路（市政行业专指市管道路）	次要道路（市政行业专指区管道路）	背街小巷（市政行业专指功能道路）	其他		I	II	主要道路（市政行业专指市管道路）		次要道路（市政行业专指区管道路）		背街小巷（市政行业专指功能道路）	
													I	II	I	II	I	II
01	市政公用设施	12	公安交警井盖	《杭州市市容和环境卫生管理条例》第二十条第二款;《杭州市地下管线井盖板管理办法》第十三条	公安局、交警局、区城管局	缺失、移位	缺失、移位	缺失、移位	缺失、移位	7:30~21:00	围护或恢复		2应急工时		2应急工时		2应急工时	
						缺失、移位已围护	缺失、移位已围护	缺失、移位已围护	缺失、移位围护		恢复		1工作日		1工作日		1工作日	
						破损超过25cm²,开裂且影响安全	破损超过25cm²,开裂且影响安全	破损超过25cm²,开裂且影响安全	破损超过50cm²,开裂且影响安全		修复		4工时		4工时		4工时	
						沉降最深处超过2cm,凸起最高处超过2cm	沉降最深处超过2cm,凸起最高处超过2cm	沉降最深处超过2cm,凸起最高处超过2cm	沉降最深处超过2cm,凸起最高处超过2cm		修复		2工作日		3工时		3工作日	
						井盖与井座不配套、井盖翘破或松动	井盖与井座不配套、井盖翘破或松动	井盖与井座不配套、井盖翘破或松动	井盖与井座不配套、井盖翘破或松动		修复		4应急工时		4应急工时		4应急工时	
						不存在安全隐患的上述问题（道路红线外设施）	不存在安全隐患的上述问题（道路红线外设施）	不存在安全隐患的上述问题（道路红线外设施）	不存在安全隐患的上述问题（道路红线外设施）		修复		2工作日		2工作日		2工作日	

附 录

续表

大类代码	大类名称	小类代码	小类名称	法律依据	管理主体	立案规范				采集时间	结案规范		处置时限					
						主要道路(市政行业专指市管道路)	次要道路(市政行业专指区管道路)	背街小巷(市政行业专指功能道路)	其他		I	II	主要道路(市政行业专指市管道路)		次要道路(市政行业专指区管道路)		背街小巷(市政行业专指功能道路)	
													I	II	I	II	I	II
01	市政公用设施	13	其他井盖	《杭州市城市市容和环境卫生管理条例》第二十条第二款；《杭州市地下管线盖板管理办法》第十三条	区城管局、街道(乡、镇)	缺失、移位	缺失、移位	缺失、移位	缺失、移位	7:30~21:00	围护或恢复		2应急工作时		2应急工作时		2应急工作时	
						缺失、移位已围护	缺失、移位已围护	缺失、移位已围护	缺失、移位已围护		恢复		1工作日		1工作日		1工作日	
						破损超过25cm²,开裂且影响安全	破损超过25cm²,开裂且影响安全	破损超过25cm²,开裂且影响安全	破损超过50cm²,开裂且影响安全		修复		4工作时		4工作日		4工作日	
						沉降最深处超过2cm,最高处凸起超过2cm	沉降最深处超过2cm,最高处凸起超过2cm	沉降最深处超过2cm,最高处凸起超过2cm	沉降最深处超过2cm,最高处凸起超过2cm		修复		2工作日		3工作日		3工作日	
						井盖与井座不配套、井盖翘破或松动	井盖与井座不配套、井盖翘破或松动	井盖与井座不配套、井盖翘破或松动	井盖与井座不配套、井盖翘破或松动		修复		4应急工作时		4应急工作时		4应急工作时	
						不存在安全隐患的上述问题(道路红线外设施)	不存在安全隐患的上述问题(道路红线外设施)	不存在安全隐患的上述问题(道路红线外设施)	不存在安全隐患的上述问题(道路红线外设施)		修复		2工作日		2工作日		2工作日	

续表

大类代码	大类名称	小类代码	小类名称	法律依据	管理主体	立案规范				结案规范	处置时限		
						主要道路（市政行业专指市管道路）	次要道路（市政行业专指区管道路）	背街小巷（市政行业专指功能道路）	其他	采集时间	主要道路（市政行业专指市管道路） I　II	次要道路（市政行业专指区管道路） I　II	背街小巷（市政行业专指功能道路） I　II
01	市政公用设施	14	消防设施	《中华人民共和国消防法》第六十条	消防局、街道（乡、镇）	漏水、渗水、破损、缺件影响使用	漏水、渗水、破损、缺件影响使用	漏水、渗水、破损、缺件影响使用	漏水、渗水、破损、缺件影响使用	7:30～21:00	止水、修复	2工作日	2工作日	2工作日
		15	电信交接箱	《杭州市城市市容和环境卫生管理条例》第二十三条	电信公司、区	漏水、渗水、破损、缺件影响使用（道路红线外设施）	漏水、渗水、破损、缺件影响使用（道路红线外设施）	漏水、渗水、破损、缺件影响使用（道路红线外设施）	漏水、渗水、破损、缺件影响使用（道路红线外设施）	7:30～21:00	止水、修复	2工作日	2工作日	2工作日
		16	电力设施（变压器、输电塔）	《杭州市城市市容和环境卫生管理条例》第二十三条	电力局、街道（乡、镇）、区城管局	破损、倾斜、箱体锈蚀	破损、倾斜、箱体锈蚀	破损、倾斜、箱体锈蚀	破损、倾斜、箱体锈蚀	7:30～21:00	修复	2工作日	2工作日	2工作日
						破损、倾斜、箱体锈蚀（道路红线外设施）	破损、倾斜、箱体锈蚀（道路红线外设施）	破损、倾斜、箱体锈蚀（道路红线外设施）	破损、倾斜、箱体锈蚀（道路红线外设施）	7:30～21:00	修复	2工作日	2工作日	2工作日
						缺失、缺件锈蚀	缺失、缺件锈蚀	缺失、缺件锈蚀	缺失、缺件锈蚀	7:30～21:00	修复	2工作日	2工作日	2工作日
						缺失、缺件锈蚀（道路红线外设施）	缺失、缺件锈蚀（道路红线外设施）	缺失、缺件锈蚀（道路红线外设施）	缺失、缺件锈蚀（道路红线外设施）	7:30～21:00	修复	2工作日	2工作日	2工作日

附　录

续表

大类代码	大类名称	小类代码	小类名称	法律依据	管理主体	立案规范 主要道路（市政行业专指市管道路）	立案规范 次要道路（市政行业专指区管道路）	立案规范 背街小巷（市政行业专指功能道路）	其他	采集时间	结案规范 I	结案规范 II	处置时限 主要道路 I	处置时限 主要道路 II	处置时限 次要道路 I	处置时限 次要道路 II	处置时限 背街小巷 I	处置时限 背街小巷 II
01	市政公用设施	17	线路杆	《杭州市城市容和环境卫生管理条例》第二十六条第二款	电力局、交警局、电信公司、移动公司、联通公司、铁通公司、华数公司、区城管局、街道（乡、镇）	倒伏	倒伏	倒伏	倒伏		消除安全隐患		4应急工作时		4应急工作时		4应急工作时	
						破损、倾斜（影响安全）	破损、倾斜（影响安全）	破损、倾斜（影响安全）	破损、倾斜（影响安全）	7:30~21:00	修复		2工作日		2工作日		2工作日	
						废弃杆	废弃杆	废弃杆	废弃杆		清除		2工作日		2工作日		2工作日	
						不存在安全隐患的道路红线外设施	不存在安全隐患的道路红线外设施	不存在安全隐患的道路红线外设施	不存在上述问题（道路红线外设施）		修复		2工作日		2工作日		2工作日	
		18	路灯	《城市照明管理规定》第二十三条	路灯所、街道（乡、镇）	破亮、缺失	破亮、缺失	破亮、缺失	破亮、缺失	7:30~21:00	修复		2工作日		2工作日		2工作日	
						破损、缺失。（道路红线外设施）	破损、缺失。（道路红线外设施）	破亮、缺失	破亮、缺失	7:30~21:00	修复		2工作日		2工作日		2工作日	
		19	报刊亭	《杭州市城市容和环境卫生管理条例》第二十三条	邮政公司、区城管局	破损（道路红线外设施）	破损（道路红线外设施）	破损	破损	7:30~18:00	修复		3工作日		3工作日		3工作日	
						破损（道路红线外设施）	破损（道路红线外设施）	破损（道路红线外设施）	破损（道路红线外设施）	7:30~18:00	修复		3工作日		3工作日		3工作日	

145

续表

大类代码	大类名称	小类代码	小类名称	法律依据	管理主体	立案规范					结案规范		处置时限					
						主要道路（市政行业专指市管道路）	次要道路（市政行业专指区管道路）	背街小巷（市政行业专指功能道路）	其他	采集时间	I	II	主要道路（市政行业专指市管道路）		次要道路（市政行区专指区管道路）		背街小巷（市政行业专指功能道路）	
													I	II	I	II	I	II
01	市政公用设施	20	电话亭	《杭州市市容和环境卫生管理条例》第二十三条	电信公司、区城管局	破损	破损（道路红线外设施）	破损	破损	7:30~18:00	修复		3工作日	3工作日	3工作日	3工作日	3工作日	3工作日
		21	邮筒(箱)	《杭州市市容和环境卫生管理条例》第二十三条	邮政公司、区城管局	破损（道路红线外设施）	破损	破损（道路红线外设施）	破损（道路红线外设施）	7:30~18:00	修复		3工作日	3工作日	3工作日	3工作日	3工作日	3工作日
		22	信息亭	《杭州市市容和环境卫生管理条例》第二十三条	街道(乡、镇)、区城管局	破损（道路红线外设施）	破损（道路红线外设施）	破损（道路红线外设施）	破损（道路红线外设施）	7:30~18:00	修复		3工作日	3工作日	3工作日	3工作日	3工作日	3工作日
		23	自动售货机(亭)	《杭州市市容和环境卫生管理条例》第二十三条	贸易局、区城管局	破损	破损	破损	破损	7:30~18:00	修复		3工作日	3工作日	3工作日	3工作日	3工作日	3工作日

附 录

续表

大类代码	大类名称	小类代码	小类名称	法律依据	管理主体	立案规范				采集时间	结案规范		处置时限					
						主要道路（市政行业专指市管道路）	次要道路（市政行业专指区管道路）	背街小巷（市政行业专指功能道路）	其他		Ⅰ	Ⅱ	主要道路（市政行业专指市管道路）		次要道路（市政行业专指区管道路）		背街小巷（市政行业专指功能道路）	
													Ⅰ	Ⅱ	Ⅰ	Ⅱ	Ⅰ	Ⅱ
01	市政公用设施	24	健身设施	《杭州市全民健身条例》第二十六条	街道（乡、镇）	破损、缺失影响安全	破损、缺失影响安全	破损、缺失影响安全	破损、缺失影响安全	7:30~18:00	修复或清除		7工作日		7工作日		7工作日	
		25	环卫取水栓	《杭州市供水管理条例》第二十四条第四项	区城管局	漏水、渗水、破损、缺件影响使用	漏水、渗水、破损、缺件影响使用	漏水、渗水、破损、缺件影响使用	漏水、渗水、破损、缺件影响使用	7:30~21:00	止水、修复		2工作日		2工作日		2工作日	
		26	绿化取水栓	《浙江省绿化管理办法》第二十条第五项	区住建局、区城管局	漏水、渗水、破损、缺件影响使用（道路红线外设施）	漏水、渗水、破损、缺件影响使用（道路红线外设施）	漏水、渗水、破损、缺件影响使用（道路红线外设施）	漏水、渗水、破损、缺件影响使用（道路红线外设施）	7:30~21:00	止水、修复		2工作日		2工作日		2工作日	

续表

大类代码	大类名称	小类代码	小类名称	法律依据	管理主体	立案规范 主要道路（市政行业专指管道路）	立案规范 次要道路（市政行业专指区管道路）	立案规范 背街小巷（市政行业专指功能道路）	其他	采集时间	结案规范 I	结案规范 II	处置时限 主要道路（市政行业专指管道路）I	处置时限 主要道路 II	处置时限 次要道路（市政行业专指区管道路）I	处置时限 次要道路 II	处置时限 背街小巷（市政行业专指功能道路）I	处置时限 背街小巷 II
01	市政公用设施	27	水渠	《杭州市市政设施管理条例》第三十八条第二款、《杭州市城市排水管理办法》第三十条	区城管局、街道（乡、镇）	盖板缺失（移位）	盖板缺失（移位）	盖板缺失（移位）	盖板缺失（移位）	7:30~21:00	围护或恢复		2应急工作时	2应急工作时	2应急工作时				
						盖板缺失（移位）已围护	盖板缺失（移位）已围护	盖板缺失（移位）已围护	盖板缺失（移位）已围护		恢复		1工作日	1工作日	1工作日				
						盖板破损、挡墙破损	盖板破损、挡墙破损	盖板破损、挡墙破损	盖板破损、挡墙破损		修复		2工作日	2工作日	2工作日				
		28	岗亭	《杭州市市容和环境卫生管理条例》第二十三条	公安局、交警局、区城管局、街道（乡、镇）	破损、锈蚀	破损、锈蚀	破损、锈蚀	破损、锈蚀	7:30~18:00	修复		5工作日	5工作日	5工作日				
		29	河道监察警示牌	《杭州市市政设施管理条例》第四十六条、《杭州市河道建设和管理条例》第二十四条	河道监管中心、杭州林水局	设施破损、缺失、变形、倾斜及内容错误	设施破损、缺失、变形、倾斜及内容错误	设施破损、缺失、变形、倾斜及内容错误	设施破损、缺失、变形、倾斜及内容错误	7:30~21:00	修复或清除		7个工作日	7个工作日	7个工作日				

续表

大类代码	大类名称	小类代码	小类名称	法律依据	管理主体	立案规范				采集时间	结案规范		处置时限					
						主要道路(市政行业指市管道路)	次要道路(市政行业指区管道路)	背街小巷(市政行业指功能道路)	其他		I	II	主要道路(市政行业指市管道路)		次要道路(市政行业指区管道路)		背街小巷(市政行业指功能道路)	
													I	II	I	II	I	II
01	市政公用设施	30	景观灯(含地灯、射灯)	《杭州夜景灯光设置管理办法》第二十条	路灯所、亮灯监管中心、街道(乡、镇)、区城管局	破损、缺亮、缺失、倾斜	破损、缺亮、缺失、倾斜	破损、缺亮、缺失、倾斜	破损、缺亮、缺失、倾斜	7:30~21:00	修复		5工作日		5工作日		5工作日	
						破损、缺亮、缺失、倾斜(道路红线外设施)	破损、缺亮、缺失、倾斜(道路红线外设施)	破损、缺亮、缺失、倾斜(道路红线外设施)	破损、缺亮、缺失、倾斜	7:30~21:00	修复		5工作日		5工作日		5工作日	
		31	电力交接箱	《杭州市市容和环境卫生管理条例》第二十三条	电力局、区城管局	破损、倾斜、箱体锈蚀	破损、倾斜、箱体锈蚀	破损、倾斜、箱体锈蚀	破损、倾斜、箱体锈蚀	7:30~21:00	修复		2工作日		2工作日		2工作日	
						破损、倾斜、箱体锈蚀(道路红线外设施)	破损、倾斜、箱体锈蚀(道路红线外设施)	破损、倾斜、箱体锈蚀(道路红线外设施)	破损、倾斜、箱体锈蚀	7:30~21:00	修复		2工作日		2工作日		2工作日	
		32	移动交接箱	《杭州市市容和环境卫生管理条例》第二十三条	移动公司、区城管局	破损、倾斜、箱体锈蚀	破损、倾斜、箱体锈蚀	破损、倾斜、箱体锈蚀	破损、倾斜、箱体锈蚀	7:30~21:00	修复		2工作日		2工作日		2工作日	
						破损、倾斜、箱体锈蚀(道路红线外设施)	破损、倾斜、箱体锈蚀(道路红线外设施)	破损、倾斜、箱体锈蚀(道路红线外设施)	破损、倾斜、箱体锈蚀	7:30~21:00	修复		2工作日		2工作日		2工作日	

续表

大类代码	大类名称	小类代码	小类名称	法律依据	管理主体	立案规范				采集时间	结案规范		处置时限					
						主要道路（市政行业专指市管道路）	次要道路（市政行业专指区管道路）	背街小巷（市政行业专指功能道路）	其他		I	II	主要道路（市政行业专指市管道路）		次要道路（市政行业专指区管道路）		背街小巷（市政行业专指功能道路）	
													I	II	I	II	I	II
01	市政公用设施	33	联通交接箱	《杭州市市容和环境卫生管理条例》第二十三条	联通公司、区城管局	破损、倾斜、箱体锈蚀	破损、倾斜、箱体锈蚀	破损、倾斜、箱体锈蚀	破损、倾斜、箱体锈蚀	7:30~21:00	修复		2工作日		2工作日		2工作日	
		34	网通交接箱	《杭州市市容和环境卫生管理条例》第二十三条	华数公司、区城管局	破损、倾斜、箱体锈蚀（道路红线外设施）	破损、倾斜、箱体锈蚀（道路红线外设施）	破损、倾斜、箱体锈蚀（道路红线外设施）	破损、倾斜、箱体锈蚀（道路红线外设施）	7:30~21:00	修复		2工作日		2工作日		2工作日	
		35	铁通交接箱	《杭州市市容和环境卫生管理条例》第二十三条	铁通公司、区城管局	破损、倾斜、箱体锈蚀（道路红线外设施）	破损、倾斜、箱体锈蚀（道路红线外设施）	破损、倾斜、箱体锈蚀（道路红线外设施）	破损、倾斜、箱体锈蚀（道路红线外设施）	7:30~21:00	修复		2工作日		2工作日		2工作日	
		36	交警交接箱	《杭州市市容和环境卫生管理条例》第二十三条	交通警察局、区城管局	破损、倾斜、箱体锈蚀（道路红线外设施）	破损、倾斜、箱体锈蚀（道路红线外设施）	破损、倾斜、箱体锈蚀（道路红线外设施）	破损、倾斜、箱体锈蚀（道路红线外设施）	7:30~21:00	修复		2工作日		2工作日		2工作日	

附 录

续表

大类代码	大类名称	小类代码	小类名称	法律依据	管理主体	立案规范				采集时间	结案规范		处置时限					
						主要道路（市政行业专指市管道路）	次要道路（市政行业专指区管道路）	背街小巷（市政行业专指功能道路）	其他		I	II	主要道路（市政行业专指市管道路）		次要道路（市政行业专指区管道路）		背街小巷（市政行业专指功能道路）	
													I	II	I	II	I	II
01	市政公用设施	37	其他交接箱	《杭州市城市容和环境卫生管理条例》第二十三条	区城管局、街道（乡、镇）	破损、倾斜、箱体锈蚀	破损、倾斜、箱体锈蚀	破损、倾斜、箱体锈蚀	破损、倾斜、箱体锈蚀	7:30～21:00	修复		2工作日		2工作日		2工作日	
						破损、倾斜、箱体锈蚀（道路红线外设施）	破损、倾斜、箱体锈蚀（道路红线外设施）	破损、倾斜、箱体锈蚀（道路红线外设施）	破损、倾斜、箱体锈蚀（道路红线外设施）	7:30～21:00	修复		2工作日		2工作日		2工作日	
		38	路灯交接箱	《杭州市城市容和环境卫生管理条例》第二十三条	路灯所、区城管局	破损、倾斜、箱体锈蚀	破损、倾斜、箱体锈蚀	破损、倾斜、箱体锈蚀	破损、倾斜、箱体锈蚀	7:30～21:00	修复		2工作日		2工作日		2工作日	
						破损、倾斜、箱体锈蚀（道路红线外设施）	破损、倾斜、箱体锈蚀（道路红线外设施）	破损、倾斜、箱体锈蚀（道路红线外设施）	破损、倾斜、箱体锈蚀（道路红线外设施）	7:30～21:00	修复		2工作日		2工作日		2工作日	
						缺失、移位	缺失、移位	缺失、移位	缺失、移位		围挡或恢复		2应急工作时		2应急工作时		2应急工作时	
		39	城建弱电井盖	《杭州市城市容和环境卫生管理条例》第二十三条第二款；《杭州市地下管线盖板管理办法》第十三条	城建发展公司、区城管局	缺失、移位已围护	缺失、移位已围护	缺失、移位已围护	缺失、移位已围护	7:30～21:00	恢复		1工作日		1工作日		1工作日	
						破损超过25cm²，开裂且影响安全	破损超过25cm²，开裂且影响安全	破损超过25cm²，开裂且影响安全	破损超过50cm²，开裂且影响安全		修复		4工作日		4工作日		4工作日	
						沉降最深处超过2cm，凸起最高处超过2cm	沉降最深处超过2cm，凸起最高处超过2cm	沉降最深处超过2cm，凸起最高处超过2cm	沉降最深处超过2cm，凸起最高处超过2cm		修复		2工作日		3工作日		3工作日	
						井盖与井座不配套、井盖翘起或松动	井盖与井座不配套、井盖翘起或松动	井盖与井座不配套、井盖翘起或松动	井盖与井座不配套、井盖翘起或松动		修复		4应急工作时		4应急工作时		4应急工作时	
						不存在安全隐患的上述问题（道路红线外设施）	不存在安全隐患的上述问题（道路红线外设施）	不存在安全隐患的上述问题（道路红线外设施）	不存在安全隐患的上述问题（道路红线外设施）		修复		2工作日		2工作日		2工作日	

续表

大类代码	大类名称	小类代码	小类名称	法律依据	管理主体	立案规范				结案规范	处置时限		
						主要道路（市政行业专指市管道路）	次要道路（市政行业专指区管道路）	背街小巷（市政行业专指功能道路）	其他	采集时间	主要道路（市政行业专指市管道路） I II	次要道路（市政行业专指区管道路） I II	背街小巷（市政行业专指功能道路） I II
01	市政公用设施	40	庭院灯	《杭州夜景灯光设置管理办法》第二十条；《城市道路照明设施管理规定》第十四条	街道（乡、镇）、区城管局	破损、缺亮	破损、缺亮、缺失	破损、缺亮、缺失	破损、缺亮、缺失	7:30~21:00	修复	5工作日	5工作日	5工作日
		41	桥梁隧道灯	《城市道路照明设施管理规定》第十四条；《杭州市市容和环境卫生管理条例》第二十三条	区城管局、路灯所、市市政设施监管中心	破损、缺亮	破损、缺亮	破损、缺亮	破损、缺亮	7:30~21:00	修复	5工作日	5工作日	5工作日
		42	路灯杆	《城市道路照明设施管理规定》第十四条；《杭州市市容和环境卫生管理条例》第二十六条	路灯所、街道（乡、镇）、区城管局	倒伏	倒伏	倒伏	倒伏		消除安全隐患	4应急工时	4应急工时	4应急工时
						倒伏已消除安全隐患，尚未复杆	倒伏已消除安全隐患，尚未复杆	倒伏已消除安全隐患，尚未复杆	倒伏已消除安全隐患，尚未复杆		恢复	5工作日	5工作日	5工作日
						倾斜、破损	倾斜、破损	倾斜、破损	倾斜、破损		修复	2工作日	2工作日	2工作日

附　录

续表

大类代码	大类名称	小类代码	小类名称	法律依据	管理主体	立案规范				采集时间	结案规范		处置时限					
						主要道路（市政行业专指市管道路）	次要道路（市政行业专指区管道路）	背街小巷（市政行业专指功能道路）	其他		I	II	主要道路（市政行业专指市管道路）		次要道路（市政行业专指区管道路）		背街小巷（市政行业专指功能道路）	
													I	II	I	II	I	II
01	市政公用设施	43	直饮水机		城管委、市政公用事业监管中心	破损、功能缺失	破损、功能缺失	破损、功能缺失	破损、功能缺失	7:30~18:00	修复		3工作日		3工作日		3工作日	
02	道路交通设施	01	停车场	《杭州市停车场管理办法》第二十五条第（二）项	区城管局、街道（乡、镇）、公安交警局	设施破损	设施破损	设施破损	设施破损	7:30~18:00	修复		7工作日		7工作日		7工作日	
		02	公交始末站（集散中心）	《杭州市城市公共客运管理条例》第十二条	公交公司、商旅集团、区城管局	路面破损、坑洼	路面破损、坑洼	路面破损、坑洼	路面破损、坑洼	7:30~18:00	修复		7工作日		7工作日		7工作日	

续表

大类代码	大类名称	小类代码	小类名称	法律依据	管理主体	立案规范				采集时间	结案规范		处置时限					
						主要道路（市政行业专指市管道路）	次要道路（市政行业专指区管道路）	背街小巷（市政行业专指功能道路）	其他		I	II	主要道路（市政行业专指市管道路）		次要道路（市政行业专指区管道路）		背街小巷（市政行业专指功能道路）	
													I	II	I	II	I	II
02	道路交通设施	03	公交候车亭	《杭州市城市客运管理条例》第十二条	公交公司、区城管局	亭体或其附属设施破损、缺亮	亭体或其附属设施破损、缺亮	亭体或其附属设施破损、缺亮	亭体或其附属设施破损、缺亮	7:30~18:00	修复		7工作日	7工作日	7工作日	7工作日	7工作日	7工作日
		04	出租车站牌（临时停靠站）	《杭州市城市客运管理条例》第十二条；《杭州市城市容和市容环境卫生管理条例》第二十三条	交通局、区城管局	亭体或其附属设施破损、缺亮（道路红线外设施）	亭体或其附属设施破损、缺亮（道路红线外设施）	亭体或其附属设施破损、缺亮（道路红线外设施）	亭体或其附属设施破损、缺亮（道路红线外设施）	7:30~18:00	修复		7工作日	7工作日	7工作日	7工作日	7工作日	7工作日
				《杭州市市政设施管理条例》第二十八条	市政监管中心、区城管局	破损、倾斜、锈蚀、内容错误或不完整	破损、倾斜、锈蚀、内容错误或不完整	破损、倾斜、锈蚀、内容错误或不完整	破损、倾斜、锈蚀、内容错误或不完整	7:30~18:00	修复		5工作日	5工作日	5工作日	5工作日	5工作日	5工作日
		05	过街天桥	《杭州市市政设施管理条例》第二十八条	市政监管中心、区城管局	桥体及其附属设施破损	桥体及其附属设施破损	桥体及其附属设施破损	桥体及其附属设施破损	7:30~21:00	修复		5工作日	5工作日	5工作日	5工作日	5工作日	5工作日

续表

大类代码	大类名称	小类代码	小类名称	法律依据	管理主体	立案规范 主要道路（市政行业专指市管道路）	立案规范 次要道路（市政行业专指区管道路）	立案规范 背街小巷（市政行业专指功能道路）	立案规范 其他	采集时间	结案规范 Ⅰ	结案规范 Ⅱ	处置时限 主要道路 Ⅰ	处置时限 主要道路 Ⅱ	处置时限 次要道路 Ⅰ	处置时限 次要道路 Ⅱ	处置时限 背街小巷 Ⅰ	处置时限 背街小巷 Ⅱ
02	道路交通设施	06	地下通道	《杭州市市政设施管理条例》第二十八条、二十九条	市政监管中心、城区管局	地面、墙面及附属设施破损	地面、墙面及附属设施破损	地面、墙面及附属设施破损	地面、墙面及附属设施破损	7:30~21:00	修复		5工作日		5工作日		5工作日		
		07	高架立交桥	《杭州市市政设施管理条例》第二十八条	市政监管中心	路面及附属设施破损	路面及附属设施破损	路面及附属设施破损	路面及附属设施破损	7:30~21:00	修复		5工作日		5工作日		5工作日		
		08	跨河（江、湖）桥	《杭州市市政设施管理条例》第二十八条	市政监管中心、城区管局、街道（乡、镇）	桥体及其附属设施破损	桥体及其附属设施破损	桥体及其附属设施破损	桥体及其附属设施破损	7:30~21:00	修复		5工作日		5工作日		5工作日		
		09	交通标志牌	《杭州市城市市容和环境卫生管理条例》第十九条第三项	交警局、区城管局	破损、倾斜、锈蚀、内容错误或不完整（道路红线外设施）	破损、倾斜、锈蚀、内容错误或不完整（道路红线外设施）	破损、倾斜、锈蚀、内容错误或不完整（道路红线外设施）	破损、倾斜、锈蚀、内容错误或不完整（道路红线外设施）	7:30~18:00	修复		5工作日		5工作日		5工作日		

续表

大类代码	大类名称	小类代码	小类名称	法律依据	管理主体	立案规范 主要道路（市政行业专指市管道路）	立案规范 次要道路（市政行业专指区管道路）	立案规范 背街小巷（市政行业专指功能道路）	其他	采集时间	结案规范 I	结案规范 II	处置时限 主要道路（市政行业专指市管道路） I	II	次要道路（市政行业专指区管道路） I	II	背街小巷（市政行业专指功能道路） I	II
02	道路交通设施	10	交通护栏	《杭州市市容和环境卫生管理条例》第十九条第三项	交警局、区城管局	破损、脱落、缺失	破损、脱落、缺失	破损、脱落、缺失	破损、脱落、缺失	7:30~21:00	修复		3工作日		3工作日		3工作日	
		11	非机动车停车支架		街道（乡镇）	破损、脱落、缺失（道路红线外设施）	破损、脱落、缺失（道路红线外设施）	破损、脱落、缺失（道路红线外设施）	破损、脱落、缺失（道路红线外设施）	7:30~21:00	修复		3工作日		3工作日		3工作日	
			路名牌	《杭州市市政设施管理条例》第十七条第二款；《杭州市市容和环境卫生管理条例》第十九条	区城管局、钱江新城指挥部、城投集团	破损	破损	破损	破损	7:30~18:00	修复		5工作日		5工作日		5工作日	
		12				破损、倾斜、锈蚀、内容错误或不完整	破损、倾斜、锈蚀、内容错误或不完整	破损、倾斜、锈蚀、内容错误或不完整	破损、倾斜、锈蚀、内容错误或不完整	7:30~18:00	修复		5工作日		5工作日		5工作日	
						破损、倾斜、锈蚀、内容错误或不完整（道路红线外设施）	破损、倾斜、锈蚀、内容错误或不完整（道路红线外设施）	破损、倾斜、锈蚀、内容错误或不完整（道路红线外设施）	破损、倾斜、锈蚀、内容错误或不完整（道路红线外设施）	7:30~18:00	修复		5工作日		5工作日		5工作日	

续表

大类代码	大类名称	小类代码	小类名称	法律依据	管理主体	立案规范				采集时间	结案规范		处置时限					
						主要道路（市政行业专指市管道路）	次要道路（市政行业专指区管道路）	背街小巷（市政行业专指功能道路）	其他		I	II	主要道路（市政行业专指市管道路）		次要道路（市政行业专指区管道路）		背街小巷（市政行业专指功能道路）	
													I	II	I	II	I	II
02	道路交通设施	13	门牌	《杭州市门牌管理规定》第三条	民政局	破损、锈蚀、缺失、倾斜、内容错误	破损、锈蚀、缺失、倾斜、内容错误	破损、锈蚀、缺失、倾斜、内容错误	破损、锈蚀、缺失、倾斜、内容错误	7:30~18:00	修复		5工作日		5工作日		5工作日	
		14	高架隔音屏	《杭州市市容和环境卫生管理条例》第十九条第三项《杭州市市政设施管理条例》第十七条第二款	市政监管中心	破损、缺失	破损、缺失	破损、缺失	破损、缺失	7:30~18:00	修复		7工作日		7工作日		7工作日	
		15	公交站台	《杭州市城市公共客运管理条例》第十二条	公交公司、城管局、区	道板破损（1块道板破损成3块或以上、缺失、松动；沉陷深度超过2cm，面积超过1m²；拱起超过2cm（道路红线外设施）	道板破损、缺失、松动；沉陷深度超过3cm；面积超过1m²；拱起超过3cm（道路红线外设施）	道板破损、缺失、松动且面积超过1m²（道路红线外设施）	道板破损、缺失、松动且面积超过1m²（道路红线外设施）	7:30~18:00	修复		5工作日		5工作日		5工作日	

续表

大类代码	大类名称	小类代码	小类名称	法律依据	管理主体	立案规范 主要道路（市政行业专指市管道路）	立案规范 次要道路（市政行业专指区管道路）	立案规范 背街小巷（市政行业专指功能道路）	其他	采集时间	结案规范 I	结案规范 II	处置时限 主要道路（市政行业专指市管道路） I	II	处置时限 次要道路（市政行业专指区管道路） I	II	处置时限 背街小巷（市政行业专指功能道路） I	II
02	道路交通设施	16	交警指路牌	《杭州市市容和市市环境卫生管理条例》第十九条第三项	交警局、区城管局	破损、倾斜、锈蚀、误或内容错或不完整	破损、倾斜、锈蚀、误或内容错或不完整（道路红线外设施）	破损、倾斜、锈蚀、误或内容错或不完整（道路红线外设施）	破损、倾斜、锈蚀、误或内容错或不完整	7:30~18:00	修复或恢复		5工作日		5工作日		5工作日	
		17	无障碍设施指路牌	《杭州市市容和市市环境卫生管理条例》第十九条第三项	区城管局	破损、倾斜、锈蚀、误或内容错或不完整	破损、倾斜、锈蚀、误或内容错或不完整（道路红线外设施）	破损、倾斜、锈蚀、误或内容错或不完整（道路红线外设施）	破损、倾斜、锈蚀、误或内容错或不完整	7:30~18:00	恢复、修复或纠正		5工作日		5工作日		5工作日	
						破损、倾斜、锈蚀、误或内容错或不完整	破损、倾斜、锈蚀、误或内容错或不完整（道路红线外设施）	破损、倾斜、锈蚀、误或内容错或不完整（道路红线外设施）	破损、倾斜、锈蚀、误或内容错或不完整	7:30~18:00	修复或恢复		5工作日		5工作日		5工作日	
						破损、倾斜、锈蚀、误或内容错或不完整	破损、倾斜、锈蚀、误或内容错或不完整（道路红线外设施）	破损、倾斜、锈蚀、误或内容错或不完整（道路红线外设施）	破损、倾斜、锈蚀、误或内容错或不完整	7:30~18:00	恢复、修复或纠正		5工作日		5工作日		5工作日	

续表

大类代码	大类名称	小类代码	小类名称	法律依据	管理主体	立案规范				采集时间	结案规范		处置时限					
						主要道路(市政行业专指市管道路)	次要道路(市政行业专指区管道路)	背街小巷(市政行业专指功能道路)	其他				主要道路(市政行业专指市管道路)		次要道路(市政行业专指区管道路)		背街小巷(市政行业专指功能道路)	
											I	II	I	II	I	II	I	II
02	道路交通设施	18	公交站牌	《杭州市城市公共客运管理条例》第十二条	公交公司、商旅集团	破损、倾斜、锈蚀、缺亮、内容错误或不完整	破损、倾斜、锈蚀、缺亮、内容错误或不完整	破损、倾斜、锈蚀、缺亮、内容错误或不完整	破损、倾斜、锈蚀、缺亮、内容错误或不完整	7:30~18:00	修复		5工作日		5工作日		5工作日	
		19	地名牌	《杭州市地名管理办法》第三十六条	民政局	破损、倾斜、锈蚀、内容错误或不完整(道路红线外设施)	破损、倾斜、锈蚀、内容错误或不完整(道路红线外设施)	破损、倾斜、锈蚀、内容错误或不完整(道路红线外设施)	破损、倾斜、锈蚀、内容错误或不完整(道路红线外设施)	7:30~18:00	修复		5工作日		5工作日		5工作日	
		20	监控探头	《杭州市市容和环境卫生管理条例》第十四条、第二十三条	公安局交警局、城管区局、街道(乡、镇)	破损、倾斜、锈蚀、缺失(道路红线外设施)	破损、倾斜、锈蚀、缺失(道路红线外设施)	破损、倾斜、锈蚀、缺失(道路红线外设施)	破损、倾斜、锈蚀、缺失(道路红线外设施)	7:30~18:00	修复		5工作日		5工作日		5工作日	

续表

大类代码	大类名称	小类代码	小类名称	法律依据	管理主体	立案规范 主要道路（市政行业专指市管道路）	立案规范 次要道路（市政行业专指区管道路）	立案规范 背街小巷（市政行业专指功能道路）	立案规范 其他	采集时间	结案规范 I	结案规范 II	处置时限 主要道路（市政行业专指市管道路） I	II	次要道路（市政行业专指区管道路） I	II	背街小巷（市政行业专指功能道路） I	II
02	道路交通设施	21	▲车行道	《浙江省城市道路管理办法》第十八条、第十九条；《杭州市市政设施管理条例》第十六条、第十七条；《杭州市市政道路养护技术规程》5.2.4、5.3.4、6.1.2；《杭州市区城市道路设施完好度检查考核试行办法》	区城管局、街道（乡镇）	坑槽深度超过2cm、面积超过0.01m²；松散超过0.1m²；龟裂、网裂面积超过1m²；线裂长度超过1m；沉陷3cm、车辙、拥包高差超过1.5cm	坑槽深度超过2cm、面积超过0.04m²；松散超过1m²；龟裂、网裂面积超过3m²；线裂长度超过一个车道宽度；沉陷3cm、车辙、拥包高差超过1.5cm	坑槽深度超过3cm、面积超过0.04m²；龟裂、网裂面积超过3m²；沉陷1m²、车辙、拥包高差超过1.5cm且面积超过1m²	坑槽深度超过3cm、面积超过0.04m²；龟裂、网裂面积超过3m²；沉陷面积超过1m²、车辙、拥包高差超过1.5cm且面积超过1m²	7:30~18:00	按照同材质材料修复		2工作日		3工作日		3工作日	

续表

大类代码	大类名称	小类代码	小类名称	法律依据	管理主体	立案规范				采集时间	结案规范		处置时限					
						主要道路（市政行业专指市管道路）	次要道路（市政行业专指区管道路）	背街小巷（市政行业专指功能道路）	其他		I	II	主要道路（市政行业专指市管道路）		次要道路（市政行业专指区管道路）		背街小巷（市政行业专指功能道路）	
													I	II	I	II	I	II
02	道路交通设施	22	▲人行道	《杭州市市政设施管理条例》第十六条、第十七条；《杭州市市容和环境卫生管理条例》第十九条第一款	区城管局、街道（乡、镇）	道板破损（1块道板破损成3块或以上）、缺失、松动；沉陷深度超过2cm，面积超过1m²；拱起超过2cm	道板破损、缺失、松动；沉陷深度超过3cm，面积超过1m²；拱起超过3cm	道板破损、缺失、松动且面积超过1m²	道板破损、缺失、松动且面积超过1m²	7:30~18:00	按照同材质同类、规格、颜色或同图案花纹的砌块修复		2工作日		3工作日		3工作日	
						道板破损（1块道板破损成3块或以上）、缺失、松动；沉陷深度超过2cm，面积超过1m²；拱起超过2cm（道路红线外设施）	道板破损、缺失、松动；沉陷深度超过3cm，面积超过1m²；拱起超过3cm（道路红线外设施）	道板破损、缺失、松动且面积超过1m²（道路红线外设施）	道板破损、缺失、松动且面积超过1m²（道路红线外设施）	7:30~18:00	按照同材质同砌块修复		5工作日		5工作日		5工作日	

续表

大类代码	大类名称	小类代码	小类名称	法律依据	管理主体	立案规范				采集时间	结案规范		处置时限					
						主要道路（市政行业专指市管道路）	次要道路（市政行业专指市管道路）	背街小巷（市政行业专指功能道路）	其他				主要道路（市政行业专指市管道路）		次要道路（市政行业专指市管道路）		背街小巷（市政行业专指功能道路）	
											I	II	I	II	I	II	I	II
02	道路交通设施	23	▲盲道	《杭州市市容和环境卫生管理条例》第十九条第一款	区域城管局、街道（乡镇）	道板破损（1块或以上、松动；沉陷深度超过2cm，面积超过1m²；拱起超过2cm；提示不准确，触感不明显	道板破损、缺失、松动；沉陷深度超过3cm，面积超过1m²；拱起超过3cm；提示不准确，触感不明显	道板破损、缺失、松动且面积超过1m²，提示不准确，触感不明显	道板破损、缺失、松动且面积超过1m²，提示不准确，触感不明显	7:30～18:00	按照同材质、同规格、同颜色或同类花图案的纹砌块修复		2工作日		3工作日		3工作日	
02	道路交通设施	24	▲道路侧平石	《杭州市市容和环境卫生管理条例》第十九条第一款	区域城管局、街道（乡镇）	道路侧石、平石缺角长度超过15cm；松动，倾斜、沉陷、拱起高差超过2cm；缺失、破损、移位（道路红线外设施）	道路侧石、平石缺角长度超过15cm；松动，倾斜、沉陷、拱起高差超过3cm；缺失、破损、移位（道路红线外设施）	道路侧石、平石松动、缺失、移位（道路红线外设施）	道路侧石、平石松动、破损、缺失、移位（道路红线外设施）	7:30～18:00	按照同材质修复	修复	5工作日		5工作日		5工作日	

162

附 录

续表

大类代码	大类名称	小类代码	小类名称	法律依据	管理主体	立案规范				采集时间	结案规范		处置时限					
						主要道路（市政行业专指市管道路）	次要道路（市政行业专指市管道路）	背街小巷（市政行业专指功能道路）	其他		I	II	主要道路（市政行业专指市管道路）		次要道路（市政行业专指市管道路）		背街小巷（市政行业专指功能道路）	
													I	II	I	II	I	II
02	道路交通设施	25	电信、电力标示牌	《杭州市市容和环境卫生管理条例》第十九条第三项	电信公司、电力局、区城管局	破损、倾斜、锈蚀、内容错误或不完整	破损、倾斜、锈蚀、内容错误或不完整	破损、倾斜、锈蚀、内容错误或不完整	破损、倾斜、锈蚀、内容错误或不完整	7:30~18:00	修复		3工作日		3工作日		3工作日	
			跨河管线	《杭州市城市河道建设和管理条例》第四十二条	水务集团，燃气集团，电信公司、华数公司、移动、联通、铁通公司，电力局，区城管局	破损、倾斜、锈蚀、内容错误或不完整（道路红线外设施）	破损、倾斜、锈蚀、内容错误或不完整（道路红线外设施）	破损、倾斜、锈蚀、内容错误或不完整（道路红线外设施）	破损、倾斜、锈蚀、内容错误或不完整（道路红线外设施）	7:30~18:00	修复		3工作日		3工作日		3工作日	
		26				明显破损，严重锈蚀	明显破损，严重锈蚀	明显破损，严重锈蚀	明显破损，严重锈蚀	7:30~21:00	修复		3工作日		3工作日		3工作日	
		27	交通信号灯	《杭州市市容和环境卫生管理条例》第十九条第三项	交警局、区城管局	破损、缺亮、倾斜、锈蚀	破损、缺亮、倾斜、锈蚀	破损、缺亮、倾斜、锈蚀	破损、缺亮、倾斜、锈蚀	7:30~21:00	修复		2工作日		2工作日		2工作日	
						破损、缺亮、倾斜、锈蚀（道路红线外设施）	破损、缺亮、倾斜、锈蚀（道路红线外设施）	破损、缺亮、倾斜、锈蚀（道路红线外设施）	破损、缺亮、倾斜、锈蚀（道路红线外设施）	7:30~21:00	修复		2工作日		2工作日		2工作日	

163

续表

大类代码	大类名称	小类代码	小类名称	法律依据	管理主体	立案规范				采集时间	结案规范		处置时限					
						主要道路（市政行业专指市管道路）	次要道路（市政行业专指区管道路）	背街小巷（市政行业专指功能道路）	其他		I	II	主要道路（市政行业专指市管道路）		次要道路（市政行业专指区管道路）		背街小巷（市政行业专指功能道路）	
													I	II	I	II	I	II
02	道路交通设施	28	公安警示牌	《杭州市城市市容和环境卫生管理条例》第十九条第三项	公安局、区城管局	破损、倾斜、锈蚀、内容错误或不完整	破损、倾斜、锈蚀、内容错误或不完整	破损、倾斜、锈蚀、内容错误或不完整	破损、倾斜、锈蚀、内容错误或不完整	7:30~18:00	修复		2工作日		2工作日		2工作日	
		29	停车告示牌	《杭州市城市市容和环境卫生管理条例》第十九条第三项	交警局、区城管局	破损、倾斜、锈蚀、内容错误或不完整	破损、倾斜、锈蚀、内容错误或不完整	破损、倾斜、锈蚀、内容错误或不完整	破损、倾斜、锈蚀、内容错误或不完整	7:30~18:00	修复		2工作日		2工作日		2工作日	
		30	交通警示柱	《杭州市城市市容和环境卫生管理条例》第十九条第三项	交警局、街道（乡镇）、区城管局	破损、缺失、倾斜、移位	破损、缺失、倾斜、移位	破损、缺失、倾斜、移位（道路红线外设施）	破损、缺失、倾斜、移位（道路红线外设施）	7:30~18:00	修复或清除		2工作日		2工作日		2工作日	
		31	减速带	《杭州市城市市容和环境卫生管理条例》第十九条第三项	交警局、街道（乡镇）、区城管局	破损、缺失、移位	破损、缺失、移位	破损、缺失、移位	破损、缺失、移位	7:30~18:00	修复		3工作日		3工作日		3工作日	

附　录

续表

大类代码	大类名称	小类代码	小类名称	法律依据	管理主体	立案规范					结案规范		处置时限					
						主要道路（市政行业专指市管道路）	次要道路（市政行业专指区管道路）	背街小巷（市政行业专指功能道路）	其他	采集时间	I	II	主要道路（市政行业专指市管道路）		次要道路（市政行业专指区管道路）		背街小巷（市政行业专指功能道路）	
													I	II	I	II	I	II
02	道路交通设施	32	公共自行车租赁点	《杭州市市容和环境卫生管理条例》第二十二条	公交集团、区城管局	设施破损、缺失	设施破损、缺失	设施破损、缺失	设施破损、缺失	7:30~18:00	修复		7工作日		7工作日		7工作日	
		33	障碍物	《杭州市市政设施管理条例》第十七条、《浙江省城市道路管理办法》第二十七条和三十六条	区城管局、街道（乡镇）	道路存在影响安全或通行的障碍物	道路存在影响安全或通行的障碍物	道路存在影响安全或通行的障碍物	道路存在影响安全或通行的障碍物	7:30~21:00	清除		2工作日		2工作日		2工作日	
		34	人行道护栏	《杭州市市容和环境卫生管理条例》第十九条第三项	区城管局	破损、缺失、锈蚀	破损、缺失、锈蚀	破损、缺失、锈蚀	破损、缺失、锈蚀	7:30~21:00	恢复		3工作日		3工作日		3工作日	

续表

大类代码	大类名称	小类代码	小类名称	法律依据	管理主体	立案规范				采集时间	结案规范		处置时限					
						主要道路（市政行业专指市管道路）	次要道路（市政行业专指区管道路）	背街小巷（市政行业专指功能道路）	其他		I	II	主要道路（市政行业专指市管道路）		次要道路（市政行业专指区管道路）		背街小巷（市政行业专指功能道路）	
													I	II	I	II	I	II
02	道路交通设施	35	工程规划告示牌	《杭州市城乡规划条例》第三十五条	规划局、区城管局	破损、倾斜	破损、倾斜	破损、倾斜	破损、倾斜	7:30~18:00	修复		2工作日		2工作日		2工作日	
		36	河道护栏	《杭州市市政设施管理条例》第四十六条、《杭州市城市河道建设和管理条例》第四十二条	河道监管中心、街道（乡、镇）	缺失、破损、脱落	缺失、破损、脱落	缺失、破损、脱落	缺失、破损、脱落	7:30~21:00	围护		4工时		4工时		4工时	
						已围护未修复	已围护未修复	已围护未修复	已围护未修复	7:30~21:00	修复		7工作日		7工作日		7工作日	
		37	游步道	《杭州市城市河道建设和管理条例》第四十二条	河道监管中心、区城管局、街道（乡、镇）	破损、坑洼不平整	破损、坑洼不平整	破损、坑洼不平整	破损、坑洼不平整	7:30~18:00	同材质修复		5工作日		5工作日		5工作日	

续表

大类代码	大类名称	小类代码	小类名称	法律依据	管理主体	立案规范				结案规范		处置时限					
						主要道路（市政行业专指市管道路）	次要道路（市政行业指区管道路）	背街小巷（市政行业专指功能道路）	其他	采集时间	I	II	主要道路（市政行业专指市管道路）		次要道路（市政行业指区管道路）		背街小巷（市政行业专指功能道路）	
													I	II	I	II	I	II
02	道路交通设施	38	亭楼廊道桥	《杭州市城市河道建设和管理条例》第四十二条	河道监管中心、区城管局、路桥公司、乡（镇）、街道	设施破损、缺失	设施破损、缺失	设施破损、缺失	设施破损、缺失	7:30~21:00	修复		7工作日		7工作日		7工作日	
		39	障碍设施	《浙江省城市市容和环境卫生管理条例》第十三条，《杭州市市政设施管理条例》第十九条	设置部门（单位）、区城管局	未经审批设置或设置占用盲道的城市家具	未经审批设置或设置占用盲道的城市家具	未经审批设置或设置占用盲道的城市家具	未经审批设置或设置占用盲道的城市家具	7:30~18:00	拆除		5工作日		5工作日		5工作日	
		40	人行横道线	《中华人民共和国道路交通安全法》第二十五条	公安交警局	单条人行横道线缺失面积超过整体的四分之一	单条人行横道线缺失面积超过整体的四分之一	单条人行横道线缺失面积超过整体的四分之一	单条人行横道线缺失面积超过整体的四分之一	7:30~18:00	恢复		2工作日		2工作日		2工作日	

续表

大类代码	大类名称	小类代码	小类名称	法律依据	管理主体	立案规范 主要道路（市政行业专指市管道路）	立案规范 次要道路（市政行业专指区管道路）	立案规范 背街小巷（市政行业专指功能道路）	立案规范 其他	采集时间	结案规范 I	结案规范 II	处置时限 主要道路（市政行业专指市管道路）I	处置时限 主要道路 II	处置时限 次要道路（市政行业专指区管道路）I	处置时限 次要道路 II	处置时限 背街小巷（市政行业专指功能道路）I	处置时限 背街小巷 II
02	道路交通设施	41	桥下空间	《杭州市市政设施管理条例》第三十条	市政设施管理中心、区城管局、路桥公司	违法占用、堆放无关物品	违法占用、堆放无关物品	违法占用、堆放无关物品	违法占用、堆放无关物品	7:30~18:00	清除		2工作日	3工作日	2工作日	3工作日	2工作日	3工作日
02	道路交通设施	42	道路指示牌	《杭州市市容和环境卫生管理条例》第十九条第三项、《杭州市市政设施管理条例》第十七条第二款、《杭州市地名管理办法》第三十六条	市城投集团、城建发展公司	违法施工	违法施工	违法施工	违法施工	7:30~18:00	制止并恢复	立案查处	2工作日	3工作日	2工作日	3工作日	2工作日	3工作日
						破损、锈蚀、倾斜、内容错误或不完整	破损、锈蚀、倾斜、内容错误或不完整	破损、锈蚀、倾斜、内容错误或不完整	破损、锈蚀、倾斜、内容错误或不完整	7:30~18:00	修复或恢复		5工作日		5工作日		5工作日	

附　录

续表

大类代码	大类名称	小类代码	小类名称	法律依据	管理主体	立案规范 主要道路（市政行业专指市管道路）	立案规范 次要道路（市政行业专指区管道路）	立案规范 背街小巷（市政行业专指功能道路）	其他	采集时间	结案规范 Ⅰ	结案规范 Ⅱ	处置时限 主要道路（市政行业专指市管道路）Ⅰ	处置时限 主要道路 Ⅱ	处置时限 次要道路（市政行业专指区管道路）Ⅰ	处置时限 次要道路 Ⅱ	处置时限 背街小巷（市政行业专指功能道路）Ⅰ	处置时限 背街小巷 Ⅱ
03	市容环境	01	公共厕所	《杭州市城市市容和环境卫生管理条例》第七十一条、《杭州市城市公厕管理办法》第十二条	区城管局、街道（乡镇）	立面破损、设施破损或缺失	立面破损、设施破损或缺失	立面破损、设施破损或缺失	立面破损、设施破损或缺失	7:30~21:00	修复		7工作日		7工作日		7工作日	
		02	化粪池	《杭州市城市市容和环境卫生管理条例》第七十一条	区城管局、街道（乡镇）	盖板缺失	盖板缺失	盖板缺失	盖板缺失	7:30~21:00	围护	修复	2应急工作时	7工作日	2应急工作时	7工作日	2应急工作时	7工作日
						盖板移位	盖板移位	盖板移位	盖板移位	7:30~21:00	恢复		4工作时		4工作时		4工作时	
		03	公厕指示牌	《杭州市城市市容和环境卫生管理条例》第七十一条	区城管局	破损超过25cm²，开裂且影响安全	破损超过25cm²，开裂且影响安全	破损超过25cm²，开裂且影响安全	破损超过25cm²，开裂且影响安全	7:30~21:00	修复		7工作日		7工作日		7工作日	
						破损、倾斜、锈蚀、内容错误或不完整	破损、倾斜、锈蚀、内容错误或不完整	破损、倾斜、锈蚀、内容错误或不完整	破损、倾斜、锈蚀、内容错误或不完整	7:30~18:00	修复		2工作日		2工作日		2工作日	
						误或不完整、误或不完整、误或不完整、误或不完整 路红线外设施（道路红线外设施）				7:30~18:00	修复		2工作日		2工作日		2工作日	

续表

大类代码	大类名称	小类代码	小类名称	法律依据	管理主体	立案规范 主要道路（市政行业专指市管道路）	立案规范 次要道路（市政行业专指区管道路）	立案规范 背街小巷（市政行业专指市能道路）	立案规范 其他	采集时间	结案规范 I	结案规范 II	处置时限 主要道路（市政行业专指市管道路）I	处置时限 主要道路 II	处置时限 次要道路（市政行业专指区管道路）I	处置时限 次要道路 II	处置时限 背街小巷（市政行业专指市能道路）I	处置时限 背街小巷 II
03	市容环境	04	垃圾间(房)	《杭州市市容和环境卫生管理条例》第七十一条	区城管局、街道(乡、镇)	立面破损，门破损或缺失	立面破损，门破损或缺失	立面破损，门破损或缺失	立面破损，门破损或缺失	7:30～18:00	修复		5工作日		5工作日		5工作日	
		05	果皮箱	《杭州市城市生活垃圾管理办法》第二十二条第二款	区城管局	破损、倾斜、缺失	破损、倾斜、缺失	破损、倾斜、缺失	破损、倾斜、缺失	7:30～18:00	修复		2工作日		2工作日		2工作日	
						分类标识破损、缺失、不正确	分类标识破损、缺失、不正确	分类标识破损、缺失、不正确	分类标识破损、缺失、不正确	7:30～18:00	恢复		10工作日		10工作日		10工作日	
						破损、缺失（道路红线外设施）	破损、缺失（道路红线外设施）	破损、缺失（道路红线外设施）	破损、缺失（道路红线外设施）	7:30～18:00	修复		2工作日	3工作日	2工作日	3工作日	2工作日	3工作日
		06	户外广告(含霓虹灯、电子显示屏、灯箱广告等)	《杭州市市容和环境卫生管理条例》第三十三条，《杭州市户外广告设施和招牌指示管理条例》第二十六条	区城管局	许可设施破损、断字缺亮、倾斜（道路红线外设施）	许可设施破损、断字缺亮、倾斜（道路红线外设施）	许可设施破损、断字缺亮、倾斜（道路红线外设施）	许可设施破损、断字缺亮、倾斜（道路红线外设施）	7:30～21:00	修复	立案查处	10工作日		10工作日		10工作日	
						许可设施缺亮、断字缺亮、倾斜（道路红线外设施）	许可设施缺亮、断字缺亮、倾斜（道路红线外设施）	许可设施缺亮、断字缺亮、倾斜（道路红线外设施）	许可设施缺亮、断字缺亮、倾斜（道路红线外设施）	7:30～21:00	修复		10工作日		10工作日		10工作日	

附　录

续表

大类代码	大类名称	小类代码	小类名称	法律依据	管理主体	立案规范				结案规范		处置时限					
						主要道路（市政行业专指市管道路）	次要道路（市政行业专指区管道路）	背街小巷（市政行业专指功能道路）	其他	采集时间		主要道路（市政行业专指市管道路）		次要道路（市政行业专指区管道路）		背街小巷（市政行业专指功能道路）	
											I	II	I	II	I	II	I	II
03	市容环境	07	倒粪处	《杭州市市容和环境卫生管理条例》第七十一条、《杭州市城市公厕管理办法》第十二条	区城管局	破损	破损	破损	破损	7:30~18:00	修复		2工作日		2工作日		2工作日	
		08	垃圾中转站	《浙江省城市市容和环境卫生管理条例》第四十二条第二项、《杭州市市容和环境卫生管理条例》第七十一条	区城管局、市环境集团、街道（乡、镇）	出入口破损，立面破损或有严重污垢	出入口破损，立面破损或有严重污垢	出入口破损，立面破损或有严重污垢	出入口破损，立面破损或有严重污垢	7:30~18:00	修复或清理		3工作日		3工作日		3工作日	

171

续表

大类代码	大类名称	小类代码	小类名称	法律依据	管理主体	立案规范				采集时间	结案规范		处置时限					
						主要道路(市政行业专指市管道路)	次要道路(市政行业专指区管道路)	背街小巷(市政行业专指功能道路)	其他		I	II	主要道路(市政行业专指市管道路) I	II	次要道路(市政行业专指区管道路) I	II	背街小巷(市政行业专指功能道路) I	II
03	市容环境	09	流动厕所	《杭州市城市市容和环境卫生管理条例》第七十一条,《杭州市城市公厕管理办法》第十二条	环卫监管中心、区城管局	破损	破损	破损		7:30~18:00	修复		3工作日		3工作日		3工作日	
		10	指示牌(专指社会单位或个人设置的)	《杭州市城市市容和环境卫生管理条例》第三十三条,《杭州市户外广告设施和招牌管理条例》第二十六条	区域城管局	破损、断字缺亮、倾斜	破损、断字缺亮、倾斜	破损、断字缺亮、倾斜		7:30~18:00	修复		10工作日		10工作日		10工作日	

附　录

续表

大类代码	大类名称	小类代码	小类名称	法律依据	管理主体	立案规范 主要道路（市政行业专指市管道路）	立案规范 次要道路（市政行业专指区管道路）	立案规范 背街小巷（市政行业专指功能道路）	其他	采集时间	结案规范 I	结案规范 II	处置时限 主要道路（市政行业专指市管道路）I	II	处置时限 次要道路（市政行业专指区管道路）I	II	处置时限 背街小巷（市政行业专指功能道路）I	II
03	市容环境	11	垃圾桶	《杭州市生活垃圾管理办法》第十二条第二款	区城管局、街道（乡、镇）	破损、盖板未盖	破损、盖板未盖	破损、盖板未盖	破损、盖板未盖	7:30~18:00	修复		2工作日		2工作日		2工作日	
04	园林绿化	01	古树（维护设施）	《杭州市绿化管理条例》第十八条、第十九条	区住建局、区城管局	维护设施破损	维护设施破损	维护设施破损	维护设施破损	7:30~18:00	修复		5工作日		5工作日		5工作日	
04	园林绿化	01	古树（维护设施）	《杭州市绿化管理条例》第十八条、第十九条	区住建局、区城管局	维护设施破损（道路红线外设施）	维护设施破损（道路红线外设施）	维护设施破损（道路红线外设施）	维护设施破损（道路红线外设施）	7:30~18:00	修复		5工作日		5工作日		5工作日	
04	园林绿化	02	行道树	《城市绿化条例》第二十三条	区住建局、城管局、街道（乡、镇）	严重积雪压枝	严重积雪压枝	严重积雪压枝	严重积雪压枝	7:30~21:00	清除		4工作时		4工作时		4工作时	
04	园林绿化	02	行道树	《城市绿化条例》第二十三条	区住建局、城管局、街道（乡、镇）	死株、缺株	死株、缺株	死株、缺株	死株、缺株	7:30~18:00	恢复		5工作日		5工作日		5工作日	
04	园林绿化	02	行道树	《城市绿化条例》第二十三条	区住建局、城管局、街道（乡、镇）	倒伏、断枝	倒伏、断枝	倒伏、断枝	倒伏、断枝	7:30~21:00	消除安全隐患		2应急工作时		2应急工作时		2应急工作时	
04	园林绿化	02	行道树	《城市绿化条例》第二十三条	区住建局、城管局、街道（乡、镇）	倒伏、断枝已围护尚未恢复	倒伏、断枝已围护尚未恢复	倒伏、断枝已围护尚未恢复	倒伏、断枝已围护尚未恢复	7:30~21:00	修复		2工作日		2工作日		2工作日	
04	园林绿化	02	行道树	《城市绿化条例》第二十三条	区住建局、城管局、街道（乡、镇）	不存在安全隐患的上述问题（道路红线外设施）	不存在安全隐患的上述问题（道路红线外设施）	不存在安全隐患的上述问题（道路红线外设施）	不存在安全隐患的上述问题（道路红线外设施）	7:30~21:00	恢复		5工作日		5工作日		5工作日	

续表

大类代码	大类名称	小类代码	小类名称	法律依据	管理主体	立案规范 - 主要道路（市政行业专指市管道路）	立案规范 - 次要道路（市政行业专指区管道路）	立案规范 - 背街小巷（市政行业专指功能道路）	其他	采集时间	结案规范 I	处置时限 - 主要道路 I	处置时限 - 主要道路 II	处置时限 - 次要道路 I	处置时限 - 次要道路 II	处置时限 - 背街小巷 I	处置时限 - 背街小巷 II
04	园林绿化	03	树池篦子、树穴	《城市绿化条例》第二十三条	区住建局、城管局、街道（乡、镇）	泥土裸露、护设施破损、缺失	泥土裸露、护设施破损、缺失	泥土裸露、护设施破损、缺失	泥土裸露、护设施破损、缺失	7:30~18:00	恢复	5工作日		5工作日		5工作日	
		04	花架	《城市绿化条例》第二十三条	区住建局、城管局、街道（乡、镇）	泥土裸露、护设施破损、缺失（道路红线外设施）	泥土裸露、护设施破损、缺失（道路红线外设施）	泥土裸露、护设施破损、缺失（道路红线外设施）	泥土裸露、护设施破损、缺失（道路红线外设施）	7:30~18:00	恢复	5工作日		5工作日		5工作日	
		05	绿地	《城市绿化条例》第二十三条	区住建局、城管局、街道（乡、镇）	破损、缺失	破损、缺失	破损、缺失	破损、缺失	7:30~18:00	恢复	5工作日		5工作日		5工作日	
						破损、缺失（道路红线外设施）	破损、缺失（道路红线外设施）	破损、缺失（道路红线外设施）	破损、缺失（道路红线外设施）	7:30~18:00	修复	5工作日		5工作日		5工作日	
						枯死、黄土裸露	枯死、黄土裸露	枯死、黄土裸露	枯死、黄土裸露	7:30~18:00	修复	5工作日		5工作日		5工作日	
						破损、缺失（道路红线外设施）	破损、缺失（道路红线外设施）	破损、缺失（道路红线外设施）	破损、缺失（道路红线外设施）	7:30~18:00	修复	10工作日		10工作日		10工作日	
		06	雕塑	《浙江省城市市容和环境卫生管理条例》第十五条	区住建局、城管局、街道（乡、镇）	倾斜、破损、污损	倾斜、破损、污损	倾斜、破损、污损	倾斜、破损、污损	7:30~18:00	修复	10工作日		10工作日		10工作日	

附 录

续表

大类代码	大类名称	小类代码	小类名称	法律依据	管理主体	立案规范				采集时间	结案规范		处置时限					
						主要道路（市政行业专指市管道路）	次要道路（市政行业专指区管道路）	背街小巷（市政行业专指功能道路）	其他		I	II	主要道路（市政行业专指市管道路）		次要道路（市政行业专指区管道路）		背街小巷（市政行业专指功能道路）	
													I	II	I	II	I	II
04	园林绿化	07	街头座椅	《浙江省城市市容和环境卫生管理条例》第十五条	区住建局、区城管局、街道（乡、镇）	破损、缺失、倾斜	破损、缺失、倾斜	破损、缺失、倾斜	破损、缺失、倾斜	7:30~18:00	修复		7工作日		7工作日		7工作日	
		08	绿化护栏	《城市绿化条例》第二十三条	区住建局、区城管局、街道（乡、镇）	破损、缺失、倾斜（道路红线外设施）	破损、缺失、倾斜（道路红线外设施）	破损、缺失、倾斜（道路红线外设施）	破损、缺失、倾斜（道路红线外设施）	7:30~18:00	修复		7工作日		7工作日		7工作日	
						破损、脱落、缺失	破损、脱落、缺失	破损、脱落、缺失	破损、脱落、缺失	~18:00	修复		3工作日		3工作日		3工作日	
		09	花钵	《城市绿化条例》第二十三条	区住建局、区城管局、街道（乡、镇）	破损、缺失、缺株死株（道路红线外设施）	破损、缺失、缺株死株（道路红线外设施）	破损、缺失、缺株死株（道路红线外设施）	破损、缺失、缺株死株（道路红线外设施）	7:30~18:00	修复		3工作日		3工作日		3工作日	
						破损、缺株死株、黄土裸露（道路红线外设施）	破损、缺株死株、黄土裸露（道路红线外设施）	破损、缺株死株、黄土裸露（道路红线外设施）	破损、缺株死株、黄土裸露（道路红线外设施）		修复		7工作日		7工作日		7工作日	
		10	高架挂箱	《城市绿化条例》第二十三条	区城管局	破损、缺株死株、缺失	破损、缺株死株、缺失	破损、缺株死株、缺失	破损、缺株死株、缺失	7:30~18:00	恢复		7工作日		7工作日		7工作日	

续表

大类代码	大类名称	小类代码	小类名称	法律依据	管理主体	立案规范				采集时间	结案规范		处置时限					
						主要道路（市政行业专指市管道路）	次要道路（市政行业专指区管道路）	背街小巷（市政行业专指功能道路）	其他		I	II	主要道路（市政行业专指市管道路）		次要道路（市政行业专指区管道路）		背街小巷（市政行业专指功能道路）	
													I	II	I	II	I	II
04	园林绿化	11	休息亭	《城市绿化条例》第二十三条	街道（乡、镇）、区城管局	亭体及附属设施破损、缺失	亭体及附属设施破损、缺失	亭体及附属设施破损、缺失	亭体及附属设施破损、缺失	7:30~18:00	修复		7工作日		7工作日		7工作日	
		12	绿化平侧石	《城市绿化条例》第二十三条	区住建局、城管局街道（乡、镇）	破损、缺失、移位	破损、缺失、移位	破损、缺失、移位	破损、缺失、移位	7:30~18:00	修复		5工作日		5工作日		5工作日	
05	房屋建筑	01	宣传栏	《浙江省城市市容和环境卫生管理条例》第十条	街道（乡、镇）、区城管局	破损、缺亮、锈蚀、附属设施不平整	破损、缺亮、锈蚀、附属设施不平整	破损、缺亮、锈蚀、附属设施不平整	破损、缺亮、锈蚀、附属设施不平整	7:30~21:00	修复或拆除		7工作日		7工作日		7工作日	
		02	人防工事（暂缓）	《人民防空条例》第十九条														
		03	公房房地下室（暂缓）	《杭州市城市房屋使用安全管理条例》第五条														

续表

大类代码	大类名称	小类代码	小类名称	法律依据	管理主体	立案规范 主要道路（市政行业专指市管道路）	立案规范 次要道路（市政行业专指区管道路）	立案规范 背街小巷（市政行业专指功能道路）	立案规范 其他	采集时间	结案规范 I	结案规范 II	处置时限 主要道路（市政行业专指市管道路）I	处置时限 主要道路 II	处置时限 次要道路（市政行业专指区管道路）I	处置时限 次要道路 II	处置时限 背街小巷（市政行业专指功能道路）I	处置时限 背街小巷 II
06	其他设施	01	重大危险源（暂缓）	《杭州市重大危险源安全监督管理规定》第二十一条														
		02	工地出入口	《杭州市建筑工地文明施工管理规定》第十二条	建委、区住建局	封闭式工地出入口未硬化、附属设施破损	封闭式工地出入口未硬化、附属设施破损	封闭式工地出入口未硬化、附属设施破损	封闭式工地出入口未硬化、附属设施破损	7:30~21:00	铺设钢板或修复		7工作日		7工作日		7工作日	
		03	河湖堤坝	《杭州市市政设施管理条例》第四十六条	各责任部门、区城管局	塌陷、破损	塌陷、破损	塌陷、破损	塌陷、破损	7:30~21:00	围护修复		1工作日	7工作日	1工作日	7工作日	1工作日	7工作日

备注：
1. 管理主体：指具有公共管理职能的部门或具有养护义务的单位，建设区域或建成未移交区域的相关问题责任单位统一为建设单位（产权明确或有相关会议纪要规定的除外）。
2. 主要道路：包括一类道路、二类河道及周边。
3. 次要道路：包括二、三类道路，二类河道及周边。
4. 背街小巷：包括二、三类街巷、三类河道及周边（含幢间路）、城中村。
5. 其他：指三类以上三类之外的区域（含三类）、三类整治进行中的。
6. 应急工作时：指不间断可以依法行使行政强制权的案卷，以案卷信息录入权力阳光系统作为结案依据。
7. 立案查处：对部分可以依法行使行政强制权的案卷，以案卷信息录入权力阳光系统作为结案依据。
8. 工作日（不含"窗口"）：对除法定节假日、休息日外，每日按7小时计算时的工作时间。
9. 街道（乡镇）含"窗口"：地区管委会，即地区管理处。
10. ▲类案卷纳入市政监管，上述类别的问题由市政行业监管部门负责协同评价。
11. 信息来源：上述类别的问题信息采集包含"数字城管信息采集员采集"、"监控视频采集"、"贴心城管"APP上报等几种方式。

杭州市数字化城市管理部件和事件立案结案规范（主城区 2015 年修订版）

二、事件

大类代码	大类名称	小类代码	小类名称	法律依据	管理主体	立案规范 主要道路（市政行业专指管道路）	立案规范 次要道路（市政行业专指管道路）	立案规范 背街小巷（市政行业专指功能道路）	其他	采集时间	结案规范 I	结案规范 II	处置时限 主要道路（市政行业专指管道路）I	处置时限 主要道路 II	处置时限 次要道路（市政行业专指管道路）I	处置时限 次要道路 II	处置时限 背街小巷（市政行业专指功能道路）I	处置时限 背街小巷 II
01	市容环境	01	暴露垃圾	《杭州市市容和环境卫生管理条例》第四十五条第二、四项；第四十五条第二款	区域管局、街道（乡、镇）	成堆、成片的垃圾	成堆、成片的垃圾	成堆、成片的垃圾	成堆、成片的垃圾	参照道路保洁时间（详见备注第6条）	清除		2工作时		2工作时		4工作时	
		02	积存垃圾渣土	《杭州市市容和环境卫生管理条例》第五十条第二款；第五十条第四款	区域管局、街道（乡、镇）	长时间堆积的建筑垃圾、装修垃圾和泥土等（含覆盖部分生活垃圾的）	长时间堆积的建筑垃圾、装修垃圾和泥土等（含覆盖部分生活垃圾的）	长时间堆积的建筑垃圾、装修垃圾和泥土等（含覆盖部分生活垃圾的）	长时间堆积的建筑垃圾、装修垃圾和泥土等（含覆盖部分生活垃圾的）	7:30~21:00	清除		2工作日		2工作日		2工作日	
		03	河道不洁（含沟渠、湖面）	《杭州市城市河道建设和管理条例》第三十七条	河道监管中心、交通局、区城管局	河道（含沟渠、湖面）有漂浮物；沟渠有淤积、堵塞、漂浮物、大面积油污	河道（含沟渠、湖面）有漂浮物；沟渠有淤积、堵塞、漂浮物、大面积油污	河道（含沟渠、湖面）有漂浮物；沟渠有淤积、堵塞、漂浮物、大面积油污	河道（含沟渠、湖面）有漂浮物；沟渠有淤积、堵塞、漂浮物、大面积油污	7:30~21:00	清除		2工作日		2工作日		2工作日	

附 录

续表

大类代码	大类名称	小类代码	小类名称	法律依据	管理主体	立案规范 主要道路（市政行业专指市管道路）	立案规范 次要道路（市政行业专指区管道路）	立案规范 背街小巷（市政行业专指功能道路）	立案规范 其他	采集时间	结案规范 I	结案规范 II	处置时限 主要道路（市政行业专指市管道路）I	处置时限 主要道路 II	处置时限 次要道路（市政行业专指区管道路）I	处置时限 次要道路 II	处置时限 背街小巷（市政行业专指功能道路）I	处置时限 背街小巷 II
01	市容环境	04	绿地不洁	《杭州市城市市容和环境卫生管理条例》第四十九条。《杭州市城市绿化管理条例》第二十一条、第三十五条	区城管局、区住建局、街道（乡、镇）	绿地中的生活垃圾	绿地中的生活垃圾	绿地中的生活垃圾	绿地中的生活垃圾	7:30~21:00	清除		2工作时		2工作时		4工作时	
01	市容环境	05	路面不洁	《杭州市城市市容和环境卫生管理条例》第四十五条第二、四项，第四十五条第二款	区城管局、街道（乡、镇）	路面散落的生活垃圾	路面散落的生活垃圾	路面散落的生活垃圾	路面散落的生活垃圾	7:30~21:00	清除		1工作时		1工作时		2工作时	

续表

大类代码	大类名称	小类代码	小类名称	法律依据	管理主体	立案规范 主要道路（市政行业指管道路）	立案规范 次要道路（市政行业指区管道路）	立案规范 背街小巷（市政行业专指功能道路）	其他	采集时间	结案规范 Ⅰ	结案规范 Ⅱ	处置时限 主要道路 Ⅰ	处置时限 主要道路 Ⅱ	处置时限 次要道路 Ⅰ	处置时限 次要道路 Ⅱ	处置时限 背街小巷 Ⅰ	处置时限 背街小巷 Ⅱ
01	市容环境	06	废弃家具	《杭州市市容和环境卫生管理条例》第五十八条第一款；第五十八条第二款	区城管局、市直运公司、街道（乡镇）	堆放在垃圾房（桶、箱）外的家具	堆放在垃圾房（桶、箱）外的家具	堆放在垃圾房（桶、箱）外的家具	堆放在垃圾房（桶、箱）外的家具	7:30~21:00	清除		3工作日		3工作日		3工作日	
		07	沿街晾晒（吊挂物品）	《杭州市市容和环境卫生管理条例》第二十六条第二款；第二十六条第三款	区城管局、街道（乡镇）	占压盲道，占用绿化，占用交通护栏，影响通行的沿街晾晒、管线上吊挂物品	占压盲道，占用绿化，占用交通护栏，影响通行的沿街晾晒、管线上吊挂物品	占压盲道，占用绿化，占用交通护栏，影响通行的沿街晾晒、管线上吊挂物品	占压盲道，占用绿化，占用交通护栏，影响通行的沿街晾晒、管线上吊挂物品	7:30~21:00	整改		4小时		4小时		4小时	
		08	遮阳篷破损	《浙江省城市市容和环境卫生管理条例》第十二条第二款；第十二条第三款	区城管局、街道（乡镇）	临街建筑物外立面遮阳篷存在安全隐患或影响市容市貌的破损	临街建筑物外立面遮阳篷存在安全隐患或影响市容市貌（暂缓）的破损	临街建筑物外立面遮阳篷存在安全隐患或影响市容市貌（暂缓）的破损	临街建筑物外立面遮阳篷存在安全隐患或影响市容市貌（暂缓）的破损	7:30~21:00	整改	立案查处	7工作日	3工作日（暂缓）	7工作日	3工作日（暂缓）	7工作日	3工作日（暂缓）

附 录

续表

大类代码	大类名称	小类代码	小类名称	法律依据	管理主体	立案规范				结案规范		处置时限					
						主要道路（市政行业专指市管道路）	次要道路（市政行业专指区管道路）	背街小巷（市政行业专指功能道路）	其他	采集时间	I	II	主要道路（市政行业专指市管道路）		次要道路（市政行业专指区管道路）		背街小巷（市政行业专指功能道路）	
													I	II	I	II	I	II
01	市容环境	09	沿街立面脏、缺、损	《杭州市市容环境卫生管理条例》第二十六条第二款；第二十六条第三款	区住建局、区城管街道（乡、镇）	存在安全隐患或影响市容市貌的破损、不洁	存在安全隐患或影响市容市貌的破损、不洁	存在安全隐患或影响市容市貌的破损、不洁	存在安全隐患或影响市容市貌的破损、不洁	7:30~21:00	维修或清理	立案查处	7工作日	3工作日	7工作日	3工作日	7工作日	3工作日
		10	杆线下垂	《杭州市市容环境卫生管理条例》第二十六条第二款；第二十六条第三款	电信公司、移动公司、联通公司、铁通公司、华数公司、电力公司、区城管局、街道（乡、镇）等	线路下垂或线头下挂；电线裸露存在安全隐患	线路下垂或线头下挂；电线裸露存在安全隐患	线路下垂或线头下挂；电线裸露存在安全隐患	线路下垂或线头下挂；电线裸露存在安全隐患	7:30~21:00	清理		1工作日		1工作日		1工作日	
						线路下垂或线头下挂；电线裸露存在安全隐患（道路红线外设施）	线路下垂或线头下挂；电线裸露存在安全隐患（道路红线外设施）	线路下垂或线头下挂；电线裸露存在安全隐患（道路红线外设施）		7:30~21:00	清理		1工作日		1工作日		1工作日	

续表

大类代码	大类名称	小类代码	小类名称	法律依据	管理主体	立案规范				采集时间	结案规范		处置时限					
						主要道路（市政行业专指管道路）	次要道路（市政行业专指区管道路）	背街小巷（市政行业专指功能道路）	其他		I	II	主要道路（市政行业专指管道路）		次要道路（市政行业专指区管道路）		背街小巷（市政行业专指功能道路）	
													I	II	I	II	I	II
01	市容环境	11	违法焚烧垃圾	《杭州市市容环境卫生管理条例》第四十五条第二款；第四十五条第二款	区城管局、街道（乡镇）	在公共场所违法焚烧垃圾、树叶、废弃物	在公共场所违法焚烧垃圾、树叶、废弃物	在公共场所违法焚烧垃圾、树叶、废弃物	在公共场所违法焚烧垃圾、树叶、废弃物	7:30~21:00	制止		4工作时		4工作时			
		12	违章接坡	《杭州市市政设施管理条例》第十九条第六十项；第五条第五项	区城管局、街道（乡镇）	在车行道与人行道之间设置接坡	在车行道与人行道之间设置接坡	在车行道与人行道之间设置接坡	在车行道与人行道之间设置接坡	7:30~21:00	清除	立案查处	3工作日	3工作日	3工作日	3工作日	3工作日	3工作日
		13	违章挖掘	《杭州市市政设施管理条例》第十九条第一项；第四十七条第一项；第五十八条第一、二项	区城管局	未经许可挖掘道路、绿地和河道（指河道绿地、慢行系统、驳坡挡墙等）	未经许可挖掘道路、绿地和河道（指河道绿地、慢行系统、驳坡挡墙等）	未经许可挖掘道路、绿地和河道（指河道绿地、慢行系统、驳坡挡墙等）	未经许可挖掘道路、绿地和河道（指河道绿地、慢行系统、驳坡挡墙等）	7:30~21:00	恢复	立案查处	3工作日	3工作日	3工作日	3工作日	3工作日	3工作日

续表

大类代码	大类名称	小类代码	小类名称	法律依据	管理主体	立案规范				采集时间	结案规范		处置时限					
						主要道路（市政行业专指市管道路）	次要道路（市政行业专指区管道路）	背街小巷（市政行业专指功能道路）	其他		I	II	主要道路（市政行业专指市管道路）		次要道路（市政行业专指区管道路）		背街小巷（市政行业专指功能道路）	
													I	II	I	II	I	II
01	市容环境	14	临街阳台脏乱差	《杭州市城市市容和环境卫生管理条例》第二十六条第一款；第二十六条第三款	区城管局、街道（乡、镇）	沿街阳台外脏乱差	沿街阳台外脏乱差	沿街阳台外脏乱差（暂缓）	沿街阳台外脏乱差	7:30~21:00	消除		1工作日		1工作日		1工作日	
		15	高架挂箱滴水		区城管局、市政设施监管中心	高架挂箱滴水	高架挂箱滴水	高架挂箱滴水	高架挂箱滴水	7:30~21:00	整改		2工作时		2工作时		2工作日	
		16	垃圾满溢	《浙江省城市市容和环境卫生管理条例》第二十七条	区城管局、环境集团、街道（乡、镇）	垃圾收集设施满溢	垃圾收集设施满溢	垃圾收集设施满溢	垃圾收集设施满溢	参照道路保洁时间，详见说明第6条	清除		2工作时		2工作时		2工作时	
		17	部件不洁	《杭州市市容环境卫生管理条例》第十九条第三项；第十九条第一款	区城管局	明显不洁（不含锈蚀）	严重不洁（不含锈蚀）	严重不洁（不含锈蚀）	严重不洁（不含锈蚀）	7:30~21:00	清理		1工作日		1工作日		1工作日	

续表

大类代码	大类名称	小类代码	小类名称	法律依据	管理主体	立案规范				采集时间	结案规范		处置时限					
						主要道路（市政行业专指市管道路）	次要道路（市政行业专指市管道路）	背街小巷（市政行业专指功能道路）	其他		I	II	主要道路（市政行业专指市管道路）		次要道路（市政行业专指市管道路）		背街小巷（市政行业专指功能道路）	
													I	II	I	II	I	II
01	市容环境	18	违法排污	《浙江省环境污染监督管理办法》第二十六条第一款；第二十八条第一款	区环保局	工业企业向环境排放水污染物	工业企业向环境排放水污染物	工业企业向环境排放水污染物	工业企业向环境排放水污染物	7:30～21:00	制止并消除		7工作日	7工作日	7工作日	7工作日	7工作日	7工作日
				《杭州市市政设施管理条例》第四十七条第四项、第五十九条第一二项，《杭州市城市河道建设和管理条例》第四十三条	区城管局	未经许可擅自设置排水口，向城市河道和道路排放水污染物	未经许可擅自设置排水口，向城市河道和道路排放水污染物	未经许可擅自设置排水口，向城市河道和道路排放水污染物	未经许可擅自设置排水口，向城市河道和道路排放水污染物	7:30～21:00	制止并消除	立案查处	3工作日	3工作日	3工作日	3工作日	3工作日	3工作日
		19	路面污渍	《杭州市市容市貌和环境卫生管理条例》第五十二条	区城管局	道路上存在明显污渍（渗入沥青内，清除难度大的油污暂缓采集）	道路上存在明显污渍（渗入沥青内，清除难度大的油污暂缓采集）	道路上存在明显污渍（渗入沥青内，清除难度大的油污暂缓采集）	道路上存在明显污渍（渗入沥青内，清除难度大的油污暂缓采集）	参照道路保洁时间，详见说明第6条	清除		4工作时	4工作时	4工作时	4工作时	4工作时	4工作时

附 录

续表

大类代码	大类名称	小类代码	小类名称	法律依据	管理主体	立案规范				结案规范		处置时限					
						主要道路（市政行业专指市管道路）	次要道路（市政行业专指区管道路）	背街小巷（市政行业专指功能道路）	其他	采集时间	I	II	主要道路（市政行业专指市管道路）		次要道路（市政行业专指区管道路）		背街小巷（市政行业专指功能道路）	
													I	II	I	II	I	II
01	市容环境	20	渣土乱倒	《杭州市城市市容和环境卫生管理条例》第六十条第一款；第六十条第一款	区城管局、街道、乡、镇	乱倒渣土	乱倒渣土	乱倒渣土	乱倒渣土	7:00~21:30	清除	立案查处	4应急工作时	3工作日	4应急工作时	3工作日	4应急工作时	3工作日
		21	绿化积尘	《杭州市城市市容和环境卫生管理条例》第四十九条	区城管局、街道、乡、镇	绿化叶面或绿化设施积尘（泥）面积大于1m²	绿化叶面或绿化设施积尘（泥）面积大于3m²	绿化叶面或绿化设施积尘（泥）面积大于3m²	绿化叶面或绿化设施积尘（泥）面积大于5m²	7:30~21:00	清除		5工作日		5工作日		5工作日	
		22	道路积泥	《杭州市城市市容和环境卫生管理条例》第五十一条	区城管局、街道、乡、镇	路积泥（沙）面积大于1m²	路积泥（沙）面积大于1m²	路积泥（沙）面积大于1m²	路面积泥（沙）面积大于1.5m²	参照道路保洁时间，详见说明第6条	清除		4工作时		4工作时		4工作时	
		23	护栏下积泥	《杭州市城市市容和环境卫生管理条例》第五十一条	区城管局、街道、乡、镇	交通隔离墩附近的积泥	交通隔离墩附近的积泥	交通隔离墩附近的积泥	交通隔离墩附近的积泥	参照道路保洁时间，详见说明第6条	清楚		4工作时		4工作时		4工作时	

185

续表

大类代码	大类名称	小类代码	小类名称	法律依据	管理主体	立案规范			采集时间	结案规范		处置时限					
						主要道路（市政行业专指市管道路）	次要道路（市政行业专指区管道路）	背街小巷（市政行业专指功能道路）	其他		I	II	主要道路（市政行业专指市管道路）		次要道路（市政行业专指区管道路）		背街小巷（市政行业专指功能道路）
													I	II	I	II	I	II
01	市容环境	24	污水横流	《杭州市市容环境卫生管理条例》第五十二条	区城管局、街道（乡镇）	非污水井盖周边路面存在面积大于 0.5m² 的明显污水	非污水井盖周边路面存在面积大于 0.5m² 的明显污水	非污水井盖周边路面存在面积大于 0.5m² 的明显污水	非污水井盖周边路面存在面积大于 1m² 的明显污水	7:30~21:00	清除		4工作时	3工作日	4工作时	3工作日	4工作时	3工作日
		25	工地出入口不洁	《杭州市市容环境卫生管理条例》第六十条第一款；《杭州市城市扬尘污染防治管理办法》第五十条第四款	区建设局、区城管局	工地出入口（大门）前道路、外公共区域有泥浆、积泥等不洁问题	工地出入口（大门）前道路、外公共区域有泥浆、积泥等不洁问题	工地出入口（大门）前道路、外公共区域有泥浆、积泥等不洁问题	工地出入口（大门）前道路、外公共区域有泥浆、积泥等不洁问题	7:30~21:00	清除	立案查处	4工作时	3工作日	4工作时	3工作日	4工作时	3工作日
		26	违章垂钓、游泳、洗涤	《杭州市城市河道建设和管理条例》第四十三条、第四十四条	区城管局	在城市河道内垂钓、游泳、洗涤	在城市河道内垂钓、游泳、洗涤	在城市河道内垂钓、游泳、洗涤	在城市河道内垂钓、游泳、洗涤	7:30~21:00	制止并消除		4工作时		4工作时		4工作时	

附 录

续表

大类代码	大类名称	小类代码	小类名称	法律依据	管理主体	立案规范				采集时间	结案规范		处置时限					
						主要道路（市政行业专指市管道路）	次要道路（市政行业专指区管道路）	背街小巷（市政行业专指功能道路）	其他		I	II	主要道路（市政行业专指市管道路）		次要道路（市政行业专指区管道路）		背街小巷（市政行业专指功能道路）	
													I	II	I	II	I	II
01	市容环境	27	停车泊位线不清	《浙江省实施〈中华人民共和国道路交通安全法〉办法》第三十一条；《杭州市区道路停车收费考核实施细则》	区城管局	公共停车泊位线不清晰	公共停车泊位线不清晰	公共停车泊位线不清晰	公共停车泊位线不清晰	7:30~21:00	恢复		2工作日		2工作日		2工作日	
		28	水质黑臭（污化）	《杭州市城市河道建设和管理条例》第三十七条	城管委、区城管局、市交通局、环保局、街道（乡、镇）	河道、水渠水质黑臭或存在大面积污化	河道、水渠水质黑臭或存在大面积污化	河道、水渠水质黑臭或存在大面积污化	河道、水渠水质黑臭或存在大面积污化	7:30~21:00	清除		1工作日		1工作日		1工作日	
		29	工业企业大气污染	《浙江省环境污染监督管理办法》第三十四条	环保局	工业企业通过烟囱向大气排放污染物	工业企业通过烟囱向大气排放污染物	工业企业通过烟囱向大气排放污染物	工业企业通过烟囱向大气排放污染物	7:30~21:00	制止		2工作日		2工作日		2工作日	

续表

大类代码	大类名称	小类代码	小类名称	法律依据	管理主体	立案规范				结案规范		处置时限					
						主要道路（市政行业指管道路）	次要道路（市政行业指管道路）	背街小巷（市政行业指功能道路）	其他	采集时间	I	II	主要道路（市政行业指管市道路）		次要道路（市政行业指管道路）		背街小巷（市政行业专指功能道路）
													I	II	I	II	I	II
02	宣传广告	01	非法涂写张贴小广告	《杭州市户外广告设施和招牌指示牌管理条例》第十一、十二、十三条；《杭州市市容和环境卫生管理条例》第二十八条第一款；第三十二条第二款	区城管局	非法涂写张贴小广告（单个面积小于一张A3纸，自有建筑物上张贴招工、转让、招租等非促销类广告除外）	非法涂写张贴小广告（单个面积小于一张A3纸，自有建筑物上张贴招工、转让、招租等非促销类广告除外）	非法涂写张贴小广告（单个面积小于一张A3纸，自有建筑物上张贴招工、转让、招租等非促销类广告除外）	非法涂写张贴小广告（单个面积小于一张A3纸，自有建筑物上张贴招工、转让、招租等非促销类广告除外）	7:30~21:00	清除	立案查处	1工作日	3工作日	1工作日	3工作日	2工作日	3工作日
		02	违法设置广告牌匾（涂写大型广告）	《杭州市户外广告设施和招牌指示牌管理条例》第十一、十二、十三条；《杭州市市容和环境卫生管理条例》第三十二条第三款、第三十三条第（一）项；第三十三条	区城管局	违法依附建筑物设施设置固定式广告牌匾（规格介于"违法"和"非法涂写张贴小广告"）	违法依附建筑物设施设置固定式广告牌匾（规格介于"违法"和"非法涂写张贴小广告"）	违法依附建筑物设施设置固定式广告牌匾（规格介于"违法"和"非法涂写张贴小广告"）	违法依附建筑物设施设置固定式广告牌匾（规格介于"违法"和"非法涂写张贴小广告"）	7:30~21:00	清除	立案查处	10工作日	3工作日	10工作日	3工作日	10工作日	3工作日
						超出店家立面违法设置活动式广告牌匾	超出店家立面违法设置活动式广告牌匾	超出店家立面违法设置活动式广告牌匾	超出店家立面违法设置活动式广告牌匾	7:30~21:00	清除	立案查处	4工作时	3工作日	4工作时	3工作日	4工作时	3工作日

附　录

续表

大类代码	大类名称	小类代码	小类名称	法律依据	管理主体	立案规范			结案规范		处置时限						
						主要道路（市政行业专指市管道路）	次要道路（市政行业专指区管道路）	背街小巷（市政行业专指功能道路）	其他	采集时间	Ⅰ	Ⅱ	主要道路（市政行业专指市管道路） ││ 次要道路（市政行业专指区管道路） ││ 背街小巷（市政行业专指功能道路） ││
													Ⅰ	Ⅱ	Ⅰ	Ⅱ	Ⅰ	Ⅱ
02	宣传广告	03	街头散发小广告	《杭州市市容和环境卫生管理条例》第三十六条第一款。《中华人民共和国道路交通安全法》第三十一条；第八十九条	区城管局、区交警大队、区公安分局			街头擅自散发小广告	街头擅自散发小广告	7:30~21:00	制止		2工作时	3工作日	2工作时	3工作日	2工作时	3工作日
		04	横幅、直幅乱吊乱挂	《杭州市市容和环境卫生管理条例》第三十六条第一款	区城管局	擅自悬挂横幅、条幅或直幅	擅自悬挂横幅、条幅或直幅	擅自悬挂横幅、条幅或直幅		7:30~21:00	清除		1工作日	3工作日	1工作日	3工作日	1工作日	3工作日
		05	横幅、直幅破损、卷曲脱落	《杭州市市容和环境卫生管理条例》第三十六条第二款	区城管局、街道（乡、镇）	非经营性横幅、直幅或条幅破损、卷曲脱落	非经营性横幅、直幅或条幅破损、卷曲脱落	非经营性横幅、直幅或条幅破损、卷曲脱落		7:30~21:00	恢复	立案查处	1工作日		1工作日		1工作日	

续表

大类代码	大类名称	小类代码	小类名称	法律依据	管理主体	立案规范				采集时间	结案规范		处置时限					
						主要道路（市政行业指管市道路）	次要道路（市政行业指区管道路）	背街小巷（市政行业专指功能道路）	其他		I	II	主要道路（市政行业指管市道路）		次要道路（市政行业专指管道路）		背街小巷（市政行业专指功能道路）	
													I	II	I	II	I	II
02	宣传广告	06	擅自搭建气楼、拱门	《杭州市城市市容和环境卫生管理条例》第三十四条	区域城管局、街道（乡镇）	未经审批设置	未经审批设置	未经审批设置	未经审批设置	7:30~21:00	清除	立案查处	1工作日	3工作日	1工作日	3工作日	1工作日	3工作日
		07	违法广告	《杭州市户外广告设施和招牌指示牌管理条例》第十一、十二、十三和三十二条	区域城管局	执行市户外广告整治工作领导小组办公室发布的户外广告管理标准	执行市户外广告整治工作领导小组办公室发布的户外广告管理标准	执行市户外广告整治工作领导小组办公室发布的户外广告管理标准	执行市户外广告整治工作领导小组办公室发布的户外广告管理标准	7:30~21:00	画面拆除	设施拆除并立案查处	10工作日	3工作日	10工作日	3工作日	10工作日	3工作日
03	施工管理	01	施工围护脏乱差（不文明施工）	《杭州市城市市容和环境卫生管理条例》第五十条第一款、第二款；第五十条第四款	市建委、区城管局	存在安全隐患、施工无围护、无施工概况牌、物料乱堆，影响道路通行	存在安全隐患、施工无围护、无施工概况牌、物料乱堆，影响道路通行	存在安全隐患、施工无围护、无施工概况牌、物料乱堆，影响道路通行	存在安全隐患、施工无围护、无施工概况牌、物料乱堆，影响道路通行	7:30~21:00	规范	立案查处	2工作日	3工作日	2工作日	3工作日	2工作日	3工作日

附录

续表

大类代码	大类名称	小类代码	小类名称	法律依据	管理主体	立案规范			其他	采集时间	结案规范		处置时限					
						主要道路（市政行业专指市管道路）	次要道路（市政行业专指区管道路）	背街小巷（市政行业专指功能道路）			I	II	主要道路（市政行业专指市管道路）		次要道路（市政行业专指区管道路）		背街小巷（市政行业专指功能道路）	
													I	II	I	II	I	II
03	施工管理	02	占道装修	《杭州市市政设施管理条例》第十九条第（一）项；第五十八条第二款	区城管局	未经审批占用市政道路或存在安全隐患、不规范围护	未经审批占用市政道路或存在安全隐患、不规范围护	未经审批占用市政道路或存在安全隐患、不规范围护	未经审批占用市政道路或存在安全隐患、不规范围护	7:30~21:00	制止、清除	立案查处	1工作日	3工作日	1工作日	3工作日	1工作日	3工作日
		03	占用空地装修	《浙江省城市市容和环境卫生管理条例》第十三条第一款	区城管局	占用市政道路红线与合法建筑物边缘之间的区域或公共场地装修	占用市政道路红线与合法建筑物边缘之间的区域或公共场地装修	占用市政道路红线与合法建筑物边缘之间的区域或公共场地装修	占用市政道路红线与合法建筑物边缘之间的区域或公共场地装修	7:30~21:00	规范		1工作日	3工作日	1工作日	3工作日	1工作日	3工作日
		04	抛撒滴漏	《杭州市城市容和环境卫生管理条例》第五十条第一款；第五十一条第二款	区城管局	抛撒滴漏或由此引起的路面不洁	抛撒滴漏或由此引起的路面不洁	抛撒滴漏或由此引起的路面不洁	抛撒滴漏或由此引起的路面不洁	7:30~21:00	清理	立案查处	4工作时	3工作日	4工作时	3工作日	4工作时	3工作日
		05	▲道路铣刨	《杭州市城市容和环境卫生管理条例》第十九条	区城管局、街道（乡、镇）	道路上铣刨未及时修补	道路上铣刨未及时修补	道路上铣刨未及时修补	道路上铣刨未及时修补	7:30~21:00	修复		2工作日		3工作日		3工作日	

191

续表

大类代码	大类名称	小类代码	小类名称	法律依据	管理主体	立案规范				采集时间	结案规范		处置时限					
						主要道路（市政行业专指市管道路）	次要道路（市政行业专指市管道路）	背街小巷（市政行业专指功能道路）	其他		I	II	主要道路（市政行业专指市管道路）		次要道路（市政行业专指市管道路）		背街小巷（市政行业专指功能道路）	
													I	II	I	II	I	II
04	突发事件	01	路面塌陷	《杭州市城市市容和环境卫生管理条例》第十九条	区城管局、建设（管理）单位、市路桥公司	尚未围护	尚未围护	尚未围护	尚未围护	7:30~21:00	围护		2应急工作时		2应急工作时		2应急工作时	
						现场路面尚未恢复	现场路面尚未恢复	现场路面尚未恢复	现场路面尚未恢复	7:30~21:00		完全恢复		5工作日		5工作日		5工作日
		02	自来水管破裂	《杭州市市政设施管理条例》第二十三条、《杭州市城市供水管理条例》第二十七条	水务集团、区城管局	水管破裂尚未围护	水管破裂尚未围护	水管破裂尚未围护	水管破裂尚未围护	7:30~21:00	止水		1应急工作时		1应急工作时		1应急工作时	
						已围护尚未修复	已围护尚未修复	已围护尚未修复	已围护尚未修复	7:30~21:00		恢复		4工作时		4工作时		4工作时
					区城管局、市路桥公司	现场路面尚未恢复	现场路面尚未恢复	现场路面尚未恢复	现场路面尚未恢复	7:30~21:00		恢复		5工作日		5工作日		5工作日

续表

大类代码	大类名称	小类代码	小类名称	法律依据	管理主体	立案规范				结案规范		处置时限					
						主要道路（市政行业专指市管道路）	次要道路（市政行业专指区管道路）	背街小巷（市政行业专指功能道路）	其他	采集时间	I	II	主要道路（市政行业专指市管道路）		次要道路（市政行业专指区管道路）		背街小巷（市政行业专指功能道路）	
													I	II	I	II	I	II
04	突发事件	03	燃气管道破裂	《杭州市市政设施管理条例》第十九条、第二十三条，《杭州市燃气管理条例》第十四条	燃气集团、区城管局	路面破损尚未围护	路面破损尚未围护	路面破损尚未围护	路面破损尚未围护	7:30~21:00	围护		1应急工作时		1应急工作时		1应急工作时	
						已围护尚未修复	已围护尚未修复	已围护尚未修复	已围护尚未修复	7:30~21:00	基本平整		4工作时		4工作时		4工作时	
						现场路面尚未恢复	现场路面尚未恢复	现场路面尚未恢复	现场路面尚未恢复	7:30~21:00	完全恢复		5工作日		5工作日		5工作日	
		04	热力管道破裂	《杭州市市政设施管理条例》第十九条、第二十三条，《杭州市城市供热管理办法》第十五条	城投集团、区城管局、路桥公司	尚未围护	尚未围护	尚未围护	尚未围护	7:30~21:00	围护		1应急工作时		1应急工作时		1应急工作时	
						已围护尚未修复	已围护尚未修复	已围护尚未修复	已围护尚未修复	7:30~21:00	基本平整		4工作时		4工作时		4工作时	
						现场路面尚未恢复	现场路面尚未恢复	现场路面尚未恢复	现场路面尚未恢复	7:30~21:00	完全恢复		5工作日		5工作日		5工作日	

续表

大类代码	大类名称	小类代码	小类名称	法律依据	管理主体	立案规范				采集时间	结案规范		处置时限					
						主要道路（市政行业专指市管道路）	次要道路（市政行业专指市区管道路）	背街小巷（市政行业专指功能道路）	其他		I	II	主要道路（市政行业专指市管道路）		次要道路（市政行业专指市区管道路）		背街小巷（市政行业专指功能道路）	
													I	II	I	II	I	II
04	突发事件	05	雨水设施堵塞	《杭州市市政设施管理条例》第三十八条	区城管局	雨水管排水不畅或淤塞（沿河系统雨水篦子不畅、淤塞）	雨水管排水不畅或淤塞（沿河系统雨水篦子不畅、淤塞）	雨水管排水不畅或淤塞（沿河系统雨水篦子不畅、淤塞）	雨水管排水不畅或淤塞（沿河系统雨水篦子不畅、淤塞）	7:30~21:00	疏通		1工作日		1工作日		1工作日	
		06	化粪池满溢	《杭州市市容和环境卫生管理条例》第三十六条	区城管局	化粪池满溢	化粪池满溢	化粪池满溢	化粪池满溢	7:30~21:00	疏通		1工作日		1工作日		1工作日	
		07	污水设施堵塞	《杭州市市政设施管理条例》第五十九条	区城管局	污水管满溢	污水管满溢	污水管满溢	污水管满溢	7:30~21:00	疏通		1工作日		1工作日		1工作日	
		08	河水满溢	《杭州市河道建设和管理条例》第三十八条	河道监管中心	河水上涨漫过沿河慢行系统，存在安全隐患	河水上涨漫过沿河慢行系统，存在安全隐患	河水上涨漫过沿河慢行系统，存在安全隐患	河水上涨漫过沿河慢行系统，存在安全隐患	7:30~21:00	设警示标志		4工作时		4工作时		4工作时	
		09	低洼积水	《杭州市市容和环境卫生管理条例》第十五条	区城管局、街道（乡、镇）	低洼积水面积超过100m²且深度超过15cm	低洼积水面积超过100m²且深度超过15cm	低洼积水面积超过100m²且深度超过15cm	低洼积水面积超过100m²且深度超过15cm	7:30~21:00	消除		3应急工作时		3应急工作时		3应急工作时	

续表

大类代码/名称	小类代码	小类名称	法律依据	管理主体	立案规范 主要道路（市政行业专指市管道路）	立案规范 次要道路（市政行业专指市管道路）	立案规范 背街小巷（市政行业专指功能道路）	立案规范 其他	采集时间	结案规范 I	结案规范 II	处置时限 主要道路（市政行业专指市管道路）I	处置时限 主要道路 II	处置时限 次要道路（市政行业专指市管道路）I	处置时限 次要道路 II	处置时限 背街小巷（市政行业专指功能道路）I	处置时限 背街小巷 II
05 街面秩序	01	流动经营	《浙江省取缔无照经营条例》第二条；第十一条	区城管局、街道乡镇	流动摊贩（点）1个以上（含）	流动摊贩（点）1个以上（含）	流动摊贩（点）2个以上（含）	流动摊贩（点）2个以上（含）	7:30~21:00	制止		4工作时		4工作时		4工作时	
	02	占道废品收购	《杭州市市政设施管理条例》第八项；第十九条第六十一条第二项	区城管局	占用道路、公共场所（广场、公园）堆放收购物品	占用道路、公共场所（广场、公园）堆放收购物品	占用道路、公共场所（广场、公园）堆放收购物品	占用道路、公共场所（广场、公园）堆放收购物品	7:30~21:00	消除		2工作时		2工作时		3工作时	
	03	出店经营	《杭州市城市容和环境卫生管理条例》第二十一条第二款；第二十一条第三款	区城管局	超出门窗外墙占用空地或台阶（不含市政道路）摆放物品	超出门窗外墙占用空地或台阶（不含市政道路）摆放物品	超出门窗外墙占用空地或台阶（不含市政道路）摆放物品	超出门窗外墙占用空地或台阶（不含市政道路）摆放物品	7:30~21:00	制止	立案查处	4工作时	3工作日	4工作时	3工作日	4工作时	3工作日

续表

大类代码	大类名称	小类代码	小类名称	法律依据	管理主体	立案规范				结案规范		处置时限					
						主要道路（市政行业专指市管道路）	次要道路（市政行业专指区管道路）	背街小巷（市政行业专指功能道路）	其他	采集时间	I	II	主要道路（市政行业专指市管道路）		次要道路（市政行业专指区管道路）		背街小巷（市政行业专指功能道路）	
													I	II	I	II	I	II
05	街面秩序	04	机动车乱停放	《浙江省实施〈中华人民共和国道路交通安全法〉办法》第四十六条；第七十五条	交通警察局	机动车违章占用车行道目严重影响通行	机动车违章占用车行道目严重影响通行	机动车违章占用车行道目严重影响通行	机动车违章占用车行道目严重影响通行	7:30~21:00	制止或查处		4工作时	48小时上网	4工作时	48小时上网	4工作时	48小时上网
		05	乱堆物堆料	《浙江省城市市容和环境卫生管理条例》第十三条第一款；《杭州市市政设施管理条例》第十九条	区城管局	机动车违章占用盲道或人行道停放	机动车违章占用盲道或人行道停放	机动车违章占用盲道或人行道停放	机动车违章占用盲道或人行道停放	8:00~20:00	立案查处		4工作时	4工作时	4工作时	4工作时	4工作时	4工作时
					区城管局、街道（乡、镇）	在道路或公共场所堆物	在道路或公共场所堆物	在道路或公共场所堆物	在道路或公共场所堆物	7:30~21:00	清除		1工作日	3工作日	1工作日	3工作日	1工作日	3工作日
		06	商业噪音	《杭州市环境噪声管理条例》第三十四条	公安局	使用高音喇叭等方式招揽顾客	使用高音喇叭等方式招揽顾客	使用高音喇叭等方式招揽顾客	使用高音喇叭等方式招揽顾客	7:30~21:00	制止		4工作时	4工作时	4工作时	4工作时	4工作时	4工作时

附 录

续表

大类代码	大类名称	小类代码	小类名称	法律依据	管理主体	立案规范 主要道路（市政行业专指市管道路）	立案规范 次要道路（市政行业专指市管道路）	立案规范 背街小巷（市政行业专指功能道路）	其他	采集时间	结案规范 I	结案规范 II	处置时限 主要道路（市政行业专指市管道路）I	处置时限 主要道路 II	处置时限 次要道路（市政行业专指市管道路）I	处置时限 次要道路 II	处置时限 背街小巷（市政行业专指功能道路）I	处置时限 背街小巷 II
05 街面秩序		06	商业噪音	《杭州市环境噪声管理条例》第二十三条	区城管局	在商业经营活动中使用空调、音响、切割机、冷却塔、抽风机、发电机、水泵、空压机产生的噪声污染	在商业经营活动中使用空调、音响、切割机、冷却塔、抽风机、发电机、水泵、空压机产生的噪声污染	在商业经营活动中使用空调、音响、切割机、冷却塔、抽风机、发电机、水泵、空压机产生的噪声污染	在商业经营活动中使用空调、音响、切割机、冷却塔、抽风机、发电机、水泵、空压机产生的噪声污染	7:30~21:00	制止	立案查处	5工作时	3工作日	5工作时	3工作日	5工作时	3工作日
		07	违法占道经营	《杭州市市政设施管理条例》第十九条第八项；第六十一条第二项	区城管局	店家未经许可占用道路从事经营活动	店家未经许可占用道路从事经营活动	店家未经许可占用道路从事经营活动	店家未经许可占用道路从事经营活动	7:30~21:00	制止	立案查处	4工作时	3工作日	4工作时	3工作日	4工作时	3工作日
		08	绿化损毁	《杭州市城市绿化管理条例》第二十一条、第三十五条	区住建局、区城管局、街道（乡、镇）	非法占用绿地、毁坏植被	非法占用绿地、毁坏植被	非法占用绿地、毁坏植被	非法占用绿地、毁坏植被	7:30~21:00	制止并消除	立案查处	2工作日	3工作日	2工作日	3工作日	2工作日	3工作日
		09	施放气球（仅针对气球）	《施放气球管理办法》	气象局	未经审批系留于地面物体上，直径大于1.8m或者体积容量大于3.2m³、轻于空气的充气物体	未经审批系留于地面物体上，直径大于1.8m或者体积容量大于3.2m³、轻于空气的充气物体	未经审批系留于地面物体上，直径大于1.8m或者体积容量大于3.2m³、轻于空气的充气物体	未经审批系留于地面物体上，直径大于1.8m或者体积容量大于3.2m³、轻于空气的充气物体	7:30~21:00	清除或审批		4工作时	3工作日	4工作时	3工作日	4工作时	3工作日

续表

大类代码	大类名称	小类代码	小类名称	法律依据	管理主体	立案规范					结案规范		处置时限					
						主要道路（市政行业专指市管道路）	次要道路（市政行业专指区管道路）	背街小巷（市政行业专指功能道路）	其他	采集时间	I	II	主要道路（市政行业专指市管道路）		次要道路（市政行业专指区管道路）		背街小巷（市政行业专指功能道路）	
													I	II	I	II	I	II
05	街面秩序	10	马路兜售	《中华人民共和国道路交通安全法》第三十一条、第一百零四条；《浙江省实施＜中华人民共和国道路交通安全法＞办法》第五十一条第四项第七十二条	交警局	在车行道中贩卖物品	在车行道中贩卖物品	在车行道中贩卖物品	在车行道中贩卖物品	7:30~21:00	消除		4工作时	3工作日	4工作时	3工作日	4工作时	3工作日
		11	非法占道促销	《杭州市市政设施管理条例》第十九条第八项第六十一条第二项	区城管局	未经审批设置展台或举行促销活动	未经审批设置展台或举行促销活动	未经审批设置展台或举行促销活动	未经审批设置展台或举行促销活动	7:30~21:00	制止	立案查处	4工作时	3工作日	4工作时	3工作日	4工作时	3工作日

附 录

续表

大类代码	大类名称	小类代码	小类名称	法律依据	管理主体	立案规范				采集时间	结案规范		处置时限					
						主要道路（市政行业专指管道路）	次要道路（市政行业专指管道路）	背街小巷（市政行业专指功能道路）	其他		I	II	主要道路（市政行业专指管道路）		次要道路（市政行业专指管道路）		背街小巷（市政行业专指功能道路）	
													I	II	I	II	I	II
05	街面秩序	12	违法洗车	《杭州市城市容和环境卫生管理条例》第四十五条第一款第六项第四十五条第二款	区城管局	占用路面从事经营性质的洗车、擦车活动	占用路面从事经营性质的洗车、擦车活动	占用路面从事经营性质的洗车、擦车活动	占用路面从事经营性质的洗车、擦车活动	7:30~21:00	制止并消除	立案查处	4工作时	3工作日	4工作时	3工作日	4工作时	3工作日
		13	非规范流动售报点	《浙江省取缔无照经营条例》第一条；第十一条	区城管局、报业集团	无售报许可证或售报许可证但占盲道、超范围经营	无售报许可证或售报许可证但占盲道、超范围经营	无售报许可证或售报许可证但占盲道、超范围经营	无售报许可证或售报许可证但占盲道、超范围经营	7:30~21:00	制止		4工作时		4工作时		4工作时	
		14	公共自行车超范围摆放	《杭州市市政设施管理条例》第十九条第一项第二款第五十八条第一款	公交集团、区城管局	占用盲道、超出停车区域摆放影响通行或摆放后人行道宽度不足1.5m	占用盲道、超出停车区域摆放影响通行或摆放后人行道宽度不足1.5m	占用盲道、超出停车区域摆放影响通行或摆放后人行道宽度不足1.5m	占用盲道、超出停车区域摆放影响通行或摆放后人行道宽度不足1.5m	7:30~21:00	清除		4工作时		4工作时		4工作时	
		15	报刊亭超亭外经营	《杭州市城市容和环境卫生管理条例》第二十二款第二十一条第三款	邮政局、区城管局	超出报刊亭外摆放经营物品	超出报刊亭外摆放经营物品	超出报刊亭外摆放经营物品	超出报刊亭外摆放经营物品	7:30~21:00	制止		4工作时		4工作时		4工作时	

续表

大类代码	大类名称	小类代码	小类名称	法律依据	管理主体	立案规范				采集时间	结案规范		处置时限					
						主要道路（市政行业专指市管道路）	次要道路（市政行业专指区管道路）	背街小巷（市政行业专指功能道路）	其他		I	II	主要道路（市政行业专指市管道路）		次要道路（市政行业专指区管道路）		背街小巷（市政行业专指功能道路）	
													I	II	I	II	I	II
06	普查	01	贴单普查			人行道机动车乱停放贴单情况	人行道机动车乱停放贴单情况	人行道机动车乱停放贴单情况	人行道机动车乱停放贴单情况	7:30~21:00								
		02	垃圾车不洁	《杭州市城市市容和环境卫生管理条例》第五十一条第一款；第五十一条第二款	市容监管中心、区城管局	环卫车辆车身表面有积存的污垢	环卫车辆车身表面有积存的污垢	环卫车辆车身表面有积存的污垢	环卫车辆车身表面有积存的污垢	7:30~21:00								
		03	环卫车辆抛撒滴漏	《杭州市城市市容和环境卫生管理条例》第五十一条第一款；第五十一条第二款	市容监管中心、区城管局	车辆启动、止、转弯、行进过程污水外溢（主要指环卫自管车辆）	车辆启动、止、转弯、行进过程污水外溢（主要指环卫自管车辆）	车辆启动、止、转弯、行进过程污水外溢（主要指环卫自管车辆）	车辆启动、止、转弯、行进过程污水外溢（主要指环卫自管车辆）	7:30~21:00								
		04	非覆盖区域环境问题	《杭州市城市市容和环境卫生管理条例》第四十五条第二、四项；第四十五条第二款	区城管局、街道（乡、镇）				非数字城管覆盖区域的环境问题	7:30~21:00								

附　录

续表

大类代码	大类名称	小类代码	小类名称	法律依据	管理主体	立案规范				采集时间	结案规范		处置时限					
						主要道路（市政行业专指管道路）	次要道路（市政行业专指区管道路）	背街小巷（市政行业专指功能道路）	其他		I	II	主要道路（市政行业专指管道路）		次要道路（市政行业专指区管道路）		背街小巷（市政行业专指功能道路）	
													I	II	I	II	I	II
06	普查	05	公厕管理	《杭州市城市市容和环境卫生管理条例》第十五条	市容监管中心、区城管局、街道（乡、镇）	在规定时间内公厕是否正常使用	在规定时间内公厕是否正常使用	在规定时间内公厕是否正常使用	在规定时间内公厕是否正常使用	7:30~21:00								
						公厕整体封闭、男、女厕间关闭或无障碍间关闭或整体拆除	公厕整体封闭、男、女厕间关闭或无障碍间关闭或整体拆除	公厕整体封闭、男、女厕间关闭或无障碍间关闭或整体拆除	公厕整体封闭、男、女厕间关闭或无障碍间关闭或整体拆除									
						厕所或厕位挪作它用	厕所或厕位挪作它用	厕所或厕位挪作它用	厕所或厕位挪作它用									
						公厕未纳入分类管理名单	公厕未纳入分类管理名单	公厕未纳入分类管理名单	公厕未纳入分类管理名单									
		06	水质黑臭（污花）	《杭州市城市河道建设和管理条例》第三十七条	城管委、区城管局、交通局、环保局、街道（乡、镇）	河道、水渠水质黑臭或存在大面积污花	河道、水渠水质黑臭或存在大面积污花	河道、水渠水质黑臭或存在大面积污花	河道、水渠水质黑臭或存在大面积污花	7:30~21:00								
		07	广告普查	《杭州市户外广告设施和招牌指示牌管理条例》第十一、十二、十三和三十二条	区城管局	广告普查	广告普查	广告普查	广告普查	7:30~21:00								

续表

大类代码	大类名称	小类代码	小类名称	法律依据	管理主体	立案规范				结案规范		处置时限			
						主要道路（市政行业专指市管道路）	次要道路（市政行业专指区管道路）	背街小巷（市政行业专指功能道路）	其他	采集时间	I	II	主要道路（市政行业专指市管道路） I / II	次要道路（市政行业专指区管道路） I / II	背街小巷（市政行业专指功能道路） I / II
06	普查	08	施工扰民	《杭州市环境噪声管理条例》第二十八、二十九条；第四十一条第六、七、八项	环保局、区城管局	因施工产生噪音、灯光等影响正常生活作的现象	因施工产生噪音、灯光等影响正常生活作的现象	因施工产生噪音、灯光等影响正常生活作的现象	因施工产生噪音、灯光等影响正常生活作的现象	7：30~21：00（中高考期间全天）					
		09	低洼积水	《杭州市市容和环境卫生管理条例》第十条	区城管局、街道（乡、镇）	低洼积水面积超过100m²且深度超过15cm	低洼积水面积超过100m²且深度超过15cm	低洼积水面积超过100m²且深度超过15cm	低洼积水面积超过100m²且深度超过15cm	7：30~21：00					
		10	路面结冰（积雪）	《杭州市市容和环境卫生管理条例》第十条	区城管局、街道（乡、镇）	路面结冰（积雪）存在安全隐患	路面结冰（积雪）存在安全隐患	路面结冰（积雪）存在安全隐患	路面结冰（积雪）存在安全隐患	7：30~21：00					

附 录

续表

大类代码	大类名称	小类代码	小类名称	法律依据	管理主体	立案规范				采集时间	结案规范		处置时限					
						主要道路（市政行业专指市管道路）	次要道路（市政行业专指区管道路）	背街小巷（市政行业专指功能道路）	其他		I	II	主要道路（市政行业专指市管道路）		次要道路（市政行业专指区管道路）		背街小巷（市政行业专指功能道路）	
													I	II	I	II	I	II
06	普查	11	流浪乞讨	《城市生活无着的流浪乞讨人员救助管理办法》第七条	民政局	街面流浪、乞讨	街面流浪、乞讨	街面流浪、乞讨	街面流浪、乞讨	7：30～21：00									
						车行道流浪、乞讨	车行道流浪、乞讨	车行道流浪、乞讨		7：30～21：00									
					区城管局	流浪、乞讨人员聚居或摆放物品	流浪、乞讨人员聚居或摆放物品	流浪、乞讨人员聚居或摆放物品	流浪、乞讨人员聚居或摆放物品	7：30～21：00									
		12	黑车拉客	《杭州市客运出租汽车管理条例》第二十八条第一款第一项；第《杭州市城市公共客运管理条例》第十八条第一款第一项 三十八条第一项	交警局 交通局	无证从事营运（含无证运拉客）人力三轮车	无证从事营运（含无证运拉客）人力三轮车	无证从事营运（含无证运拉客）人力三轮车	无证定点从事营运（含无证运拉客）人力三轮车	7：30～21：00									

续表

大类代码	大类名称	小类代码	小类名称	法律依据	管理主体	立案规范				采集时间	结案规范		处置时限					
						主要道路（市政行业专指市管道路）	次要道路（市政行业专指区管道路）	背街小巷（市政行业专指功能道路）	其他		I	II	主要道路（市政行业专指市管道路）		次要道路（市政行业专指区管道路）		背街小巷（市政行业专指功能道路）	
													I	II	I	II	I	II
06	普查	13	无证导游	《导游人员管理条例》第四条；第十八条	旅委	无证导游	无证导游	无证导游	无证导游	7:30~21:00								
		14	非机动车乱停放	《杭州市市容和环境卫生管理条例》第十六条第一款；第十六条第二款	区城管局	超出停车区域或摆放影响通行	超出停车区域或摆放影响通行	超出停车区域或摆放影响通行	超出停车区域或摆放影响通行	7:30~21:00								
		15	障碍设施	《杭州市市政设施管理条例》第十九条；第二十一条	区城管局	设施设置占用盲道	设施设置占用盲道	设施设置占用盲道	设施设置占用盲道	7:30~21:00								
		16	工程施工浪费用水	《杭州市城市节约用水管理办法》第二十九条	城管委	冲洗车辆无回用设施、生活用水器具使用淘汰或禁用器具（自动冲洗水箱）	冲洗车辆无回用设施、生活用水器具使用淘汰或禁用器具（自动冲洗水箱）	冲洗车辆无回用设施、生活用水器具使用淘汰或禁用器具（自动冲洗水箱）	冲洗车辆无回用设施、生活用水器具使用淘汰或禁用器具（自动冲洗水箱）	7:30~21:00								

附 录

续表

大类代码	大类名称	小类代码	小类名称	法律依据	管理主体	立案规范				结案规范		处置时限					
						主要道路（市政行业专指市管道路）	次要道路（市政行业专指区管道路）	背街小巷（市政行业专指功能道路）	其他	采集时间		主要道路（市政行业专指市管道路）		次要道路（市政行业专指区管道路）		背街小巷（市政行业专指功能道路）	
											I	II	I	II	I	II	I	II
06	普查	17	洗车无循环用水设施	《杭州市城市节约用水管理办法》第二十条；《浙江省节约用水办法》第三十一条	城管委	月用水500m³车辆清洗点未按规定安装、使用循环用水设施（包括4s店）	月用水500m³车辆清洗点未按规定安装、使用循环用水设施（包括4s店）	月用水500m³车辆清洗点未按规定安装、使用循环用水设施（包括4s店）	月用水500m³车辆清洗点未按规定安装、使用循环用水设施（包括4s店）	7:30~21:00							
		18	液化气无证经营	《浙江省燃气管理条例》第十九条第一款；第五十条第二款	城管委	液化气无证经营	液化气无证经营	液化气无证经营	液化气无证经营	7:30~21:00							
		19	燃煤小锅炉	《中华人民共和国环境保护法》第四十二条	城管委	违法使用燃煤小锅炉	违法使用燃煤小锅炉	违法使用燃煤小锅炉	违法使用燃煤小锅炉	7:30~21:00							

续表

大类代码	大类名称	小类代码	小类名称	法律依据	管理主体	立案规范				采集时间	结案规范		处置时限					
						主要道路（市政行业专指市管道路）	次要道路（市政行业专指区管道路）	背街小巷（市政行业专指功能道路）	其他		I	II	主要道路（市政行业专指市管道路）		次要道路（市政行业专指区管道路）		背街小巷（市政行业专指功能道路）	
													I	II	I	II	I	II
06	普查	20	亮化效果管理责任单位未亮灯	《杭州市夜景灯光设置管理办法》第二十二条	区城管局	亮灯保障期间未亮灯	亮灯保障期间未亮灯	亮灯保障期间未亮灯	亮灯保障期间未亮灯	元旦、春节、清明、五一、中秋、国庆等法定节假日前后的周五、周六、周日晚上，春季、夏季（4月15日至9月30日）为每晚19:00~22:30亮灯；秋季、冬季（10月1日至次年4月14日）为每晚18:00~21:30进行亮灯。特殊亮灯按通知办理。								

续表

大类代码	大类名称	小类代码	小类名称	法律依据	管理主体	立案规范				采集时间	结案规范						处置时限					
						主要道路（市政行业专指市管道路）	次要道路（市政行业专指区管道路）	背街小巷（市政行业专指功能道路）	其他		主要道路（市政行业专指市管道路）			次要道路（市政行业专指区管道路）			背街小巷（市政行业专指功能道路）		
											Ⅰ	Ⅱ		Ⅰ	Ⅱ		Ⅰ	Ⅱ	
06	普查	21	疑似新建违法建筑	《中华人民共和国城乡规划法》第四十条第一款	区城管局	疑似新建违法建筑	疑似新建违法建筑	疑似新建违法建筑	疑似新建违法建筑	7:30～21:00									
		22	疑似新增广告设施	《杭州市户外广告设施和招牌设置管理条例》第十一、十二、十三和三十二条	区城管局	疑似新增广告设施	疑似新增广告设施	疑似新增广告设施	疑似新增广告设施	7:30～21:00									
		23	其他普查			按要求开展	按要求开展	按要求开展	按要求开展	7:30～21:00									

备注：
1. 管理主体：指具有公共管理职能的部门或具有养护义务的单位，建设区域或建成未移交区域的相关问题责任单位统一为建设单位（产权明确或有相关会议纪要规定的除外）。
2. 主要道路：包括一类道路、一类河道及周边。
3. 次要道路：包括二、三类道路、二类河道、三类河道及周边。
4. 背街小巷：包括二、三类街巷、三类河道（含屋间路），窗口地区站、广场、特色街区。
5. 其他：指三类以上主要之外的区域（含三类街巷、未整治街巷），除紧急要求外，其他问题不纳入数字城管考核。
6. 道路保洁时间：一类道路保洁到22:30（采集时间：7:30～21:00）；二类道路保洁到20:30（采集时间：7:30～20:30）；三类道路保洁到18:30（采集时间：7:30～18:30）；一类街巷保洁到21:00（采集时间：7:30～21:00）；二类街巷保洁到19:00（采集时间：7:30～19:00）；三类街巷6:00～10:00, 14:00～18:00（采集不考核）。
7. 立案查处：对部分可以依法行使行政强制执法权的案卷，以案卷信息录用行政执法系统作为结案依据。
8. 普查处：根据阶段性工作布置或防汛抗台、防雪抗灾期间根据指令进行采集。
9. 街道（乡、镇）含"窗口"地区党委、景区管理处。
10. "应急工作时"指不间断计时的市政监管，即处置信息问题信息采集员采集、"监控视频采集"、"贴心城管"APP上报等几种方式。
11. ▲信息来源入市政行业监管的数字城管信息源包含"数字城管信息采集员采集"、"监控视频采集"、"贴心城管"APP上报等几种方式。
12. "类案别"指上述类别的问题信息采集采用阳光系统权力法执法协同评价。

二、副城区及县市区

杭州市数字化城市管理部件和事件立案结案规范（副城区及县市 2015 年修订版）

一、部件

立案规范

大类代码	大类名称	小类代码	小类名称	法律依据	管理主体	主要道路	次要道路	背街小巷	其他	采集时间	结案规范 I	结案规范 II	处置时限 主要道路 I	主要道路 II	次要道路 I	次要道路 II	背街小巷 I	背街小巷 II
01	市政公用设施	01	上水井盖	《杭州市市容和环境卫生管理条例》第二十条第二款；《杭州市地下管线地下管线盖板管理办法》第十三条	城管局（建管局）、住建局、街道（乡、镇）	缺失、移位	缺失、移位	缺失、移位	缺失、移位	8:00~17:30	围护或恢复		2应急工作时		2应急工作时		2应急工作时	
						缺失、移位已围护	缺失、移位已围护	缺失、移位已围护	缺失、移位已围护		恢复		1工作日		1工作日		1工作日	
						破损超过 25cm², 开裂且影响安全	破损超过 25cm², 开裂且影响安全	破损超过 50cm², 开裂且影响安全	破损超过 50cm², 开裂且影响安全		修复		4工作时		4工作时		4工作日	
						沉降最深处超过 3cm, 凸起最高处超过 3cm	沉降最深处超过 3cm, 凸起最高处超过 3cm	沉降最深处超过 3cm, 凸起最高处超过 3cm	沉降最深处超过 3cm, 凸起最高处超过 3cm		修复		7工作日		7工作日		7工作日	
						井盖与井座不配套、井盖翘坡或松动	井盖与井座不配套、井盖翘坡或松动	井盖与井座不配套、井盖翘坡或松动	井盖与井座不配套、井盖翘坡或松动		修复		4应急工作时		4应急工作时		4应急工作时	

续表

大类代码	大类名称	小类代码	小类名称	法律依据	管理主体	立案规范 主要道路	立案规范 次要道路	立案规范 背街小巷	立案规范 其他	采集时间	结案规范 I	结案规范 II	处置时限 主要道路 I	处置时限 主要道路 II	处置时限 次要道路 I	处置时限 次要道路 II	处置时限 背街小巷 I	处置时限 背街小巷 II
01	市政公用设施	02	污水井盖	《浙江省城市道路管理办法》第二十条;《杭州市市容和环境卫生管理条例》第二十条第二款;《杭州市地下管线盖板管理办法》第十三条	城管局(建管局)、住建局、街道(乡、镇)	缺失、移位	缺失、移位	缺失、移位	缺失、移位	8:00~17:30	围护或恢复		2应急工作时		2应急工作时		2应急工作时	
						缺失、移位已围护	缺失、移位已围护	缺失、移位已围护	缺失、移位已围护		恢复		1工作日		1工作日		1工作日	
						破损超过25cm²,开裂且影响安全	破损超过25cm²,开裂且影响安全	破损超过50cm²,开裂且影响安全	破损超过50cm²,开裂且影响安全		修复		4工作时		4工作时		4工作时	
						沉降最深处超过3cm,凸起最高处超过3cm	沉降最深处超过3cm,凸起最高处超过3cm	沉降最深处超过3cm,凸起最高处超过3cm	沉降最深处超过3cm,凸起最高处超过3cm		修复		7工作日		7工作日		7工作日	
						井盖与井座不配套、井盖翘破或松动	井盖与井座不配套、井盖翘破或松动	井盖与井座不配套、井盖翘破或松动	井盖与井座不配套、井盖翘破或松动		修复		4应急工作时		4应急工作时		4应急工作时	

209

续表

大类代码	大类名称	小类代码	小类名称	法律依据	管理主体	立案规范					采集时间	结案规范		处置时限					
						主要道路	次要道路	背街小巷	其他		I	II	主要道路 I	II	次要道路 I	II	背街小巷 I	II
01	市政公用设施	03	雨水井盖	《杭州市城市市容和环境卫生管理条例》第二十条第二款；《杭州市地下管线管板管理办法》第十三条	城管局（建管局）、街道（乡、镇）	缺失、移位	缺失、移位	缺失、移位	缺失、移位	8:00～17:30	围护或恢复		2应急工作时		2应急工作时		2应急工作时	
						缺失、移位已围护	缺失、移位已围护	缺失、移位已围护	缺失、移位已围护		恢复		1工作日		1工作日		1工作日	
						破损超过25cm²、开裂且影响安全	破损超过25cm²、开裂且影响安全	破损超过50cm²、开裂且影响安全	破损超过50cm²、开裂且影响安全		修复		4工作时		4工作时		4工作时	
						沉降最深处超过3cm、最高处凸起超过3cm	沉降最深处超过3cm、最高处凸起超过3cm	沉降最深处超过3cm、最高处凸起超过3cm	沉降最深处超过3cm、最高处凸起超过3cm		修复		7工作日		7工作日		7工作日	
						井盖与井座不配套、井盖翘破或松动	井盖与井座不配套、井盖翘破或松动	井盖与井座不配套、井盖翘破或松动	井盖与井座不配套、井盖翘破或松动		修复		4应急工作时		4应急工作时		4应急工作时	

续表

大类代码	大类名称	小类代码	小类名称	法律依据	管理主体	立案规范				采集时间	结案规范		处置时限					
						主要道路	次要道路	背街小巷	其他		I	II	主要道路		次要道路		背街小巷	
													I	II	I	II	I	II
01	市政公用设施	04	雨水篦子	《杭州市城市市容和环境卫生管理条例》第二十条第二款；《杭州市地下管线盖板管理办法》第十三条	城管局（建管局）、街道（乡、镇）	缺失、移位	缺失、移位	缺失、移位	缺失、移位	8:00~17:30	围护或恢复		2应急工作时		2应急工作时		2应急工作时	
						缺失、移位已围护	缺失、移位已围护	缺失、移位已围护	缺失、移位已围护		恢复		1工作日		1工作日		1工作日	
						破损超过25cm²，开裂且影响安全	破损超过25cm²，开裂且影响安全	破损超过50cm²，开裂且影响安全	破损超过50cm²，开裂且影响安全		修复		4工作时		4工作时		4工作时	
						沉降最深处超过3cm，凸起最高处超过3cm	沉降最深处超过3cm，凸起最高处超过3cm	沉降最深处超过3cm，凸起最高处超过3cm	沉降最深处超过3cm，凸起最高处超过3cm		修复		7工作日		7工作日		7工作日	
						井盖与井座不配套，井盖翘跛或松动	井盖与井座不配套，井盖翘跛或松动	井盖与井座不配套，井盖翘跛或松动	井盖与井座不配套，井盖翘跛或松动		修复		4应急工作时		4应急工作时		4应急工作时	

续表

大类代码	大类名称	小类代码	小类名称	法律依据	管理主体	立案规范				采集时间	结案规范	处置时限					
						主要道路	次要道路	背街小巷	其他			主要道路		次要道路		背街小巷	
												I	II	I	II	I	II
01	市政公用设施	05	电力井盖	《杭州市城市市容和环境卫生管理条例》第二十条第二款;《杭州市地下管线井盖板管理办法》第十三条	电力局(供电局)、街道、乡、镇、城管局(建管局)	缺失、移位	缺失、移位	缺失、移位	缺失、移位	8:00~17:30	围护或恢复	2应急工作时		2应急工作时		2应急工作时	
						缺失、移位已围护	缺失、移位已围护	缺失、移位已围护	缺失、移位已围护		恢复	1工作日		1工作日		1工作日	
						破损超过25cm², 开裂且影响安全	破损超过25cm², 开裂且影响安全	破损超过50cm², 开裂且影响安全	破损超过50cm², 开裂且影响安全		修复	4工作时		4工作时		4工作时	
						沉降最深处超过3cm, 凸起最高处超过3cm	沉降最深处超过3cm, 凸起最高处超过3cm	沉降最深处超过3cm, 凸起最高处超过3cm	沉降最深处超过3cm, 凸起最高处超过3cm		修复	7工作日		7工作日		7工作日	
						井盖与井座不配套, 井盖翘破或松动	井盖与井座不配套, 井盖翘破或松动	井盖与井座不配套, 井盖翘破或松动	井盖与井座不配套, 井盖翘破或松动		修复	4应急工作时		4应急工作时		4应急工作时	

续表

大类代码	大类名称	小类代码	小类名称	法律依据	管理主体	立案规范 主要道路	立案规范 次要道路	立案规范 背街小巷	立案规范 其他	采集时间	结案规范 I	结案规范 II	处置时限 主要道路 I	处置时限 主要道路 II	处置时限 次要道路 I	处置时限 次要道路 II	处置时限 背街小巷 I	处置时限 背街小巷 II
01	市政公用设施	06	路灯井盖	《城市道路照明设施管理规定》第二十一条第一项；《杭州市市容和环境卫生管理条例》第二十条第二款	城管局（建管局）、交通局、街道（乡、镇）	缺失、移位	缺失、移位	缺失、移位	缺失、移位	8:00~17:30	围护或恢复		2应急工作时		2应急工作时		2应急工作时	
						缺失、移位已围护	缺失、移位已围护	缺失、移位已围护	缺失、移位已围护		恢复		1工作日		1工作日		1工作日	
						破损超过25cm²，开裂且影响安全	破损超过25cm²，开裂且影响安全	破损超过50cm²，开裂且影响安全	破损超过50cm²，开裂且影响安全		修复		4工作时		4工作时		4工作时	
						沉降最深处超过3cm，凸起最高处超过3cm	沉降最深处超过3cm，凸起最高处超过3cm	沉降最深处超过3cm，凸起最高处超过3cm	沉降最深处超过3cm，凸起最高处超过3cm		修复		7工作日		7工作日		7工作日	
						井盖与井座不配套、井盖翘起或松动	井盖与井座不配套、井盖翘起或松动	井盖与井座不配套、井盖翘起或松动	井盖与井座不配套、井盖翘起或松动		修复		4应急工作时		4应急工作时		4应急工作时	

续表

大类代码	大类名称	小类代码	小类名称	法律依据	管理主体	立案规范				结案规范		处置时限					
						主要道路	次要道路	背街小巷	其他	I	II	主要道路		次要道路		背街小巷	
												I	II	I	II	I	II
01	市政公用设施	07	电信井盖	《杭州市城市市容和环境卫生管理条例》第二十条第二款；《杭州市地下管线盖板管理办法》第十三条	电信公司、城管局(建管局)	缺失、移位	缺失、移位	缺失、移位	缺失、移位	围护或恢复		2应急工作时	2应急工作时	2应急工作时
						缺失、移位已围护	缺失、移位已围护	缺失、移位已围护	缺失、移位	恢复		1工作日	1工作日	1工作日
						破损超过25cm²，开裂且影响安全	破损超过25cm²，开裂且影响安全	破损超过50cm²，开裂且影响安全	破损超过50cm²，开裂且影响安全	修复		4工作时	4工作时	4工作时
						沉降最深处超过3cm、凸起最高处超过3cm	沉降最深处超过3cm、凸起最高处超过3cm	沉降最深处超过3cm、凸起最高处超过3cm	沉降最深处超过3cm、凸起最高处超过3cm	修复		7工作日	7工作日	7工作日
						井盖与井座不配套、井盖翘破或松动	井盖与井座不配套、井盖翘破或松动	井盖与井座不配套、井盖翘破或松动	井盖与井座不配套、井盖翘破或松动	修复		4应急工作时	4应急工作时	4应急工作时

采集时间：8:00~17:30

附 录

续表

大类代码	大类名称	小类代码	小类名称	法律依据	管理主体	立案规范				采集时间	结案规范		处置时限					
						主要道路	次要道路	背街小巷	其他		I	II	主要道路 I	主要道路 II	次要道路 I	次要道路 II	背街小巷 I	背街小巷 II
01	市政公用设施	08	电视井盖	《杭州市市容和环境卫生管理条例》第二十条第二款；《杭州市地下管线盖板管理办法》第十三条	华数公司、城管局(建管局)	缺失、移位	缺失、移位	缺失、移位	缺失、移位	8:00~17:30	围护或恢复		2应急工作时		2应急工作时		2应急工作时	
						缺失、移位已围护	缺失、移位已围护	缺失、移位已围护	缺失、移位已围护		恢复		1工作日		1工作日		1工作日	
						破损超过25cm²，开裂且影响安全	破损超过25cm²，开裂且影响安全	破损超过50cm²，开裂且影响安全	破损超过50cm²，开裂且影响安全		修复		4工作时		4工作时		4工作时	
						沉降最深处超过3cm，凸起最高处超过3cm	沉降最深处超过3cm，凸起最高处超过3cm	沉降最深处超过3cm，凸起最高处超过3cm	沉降最深处超过3cm，凸起最高处超过3cm		修复		7工作日		7工作日		7工作日	
						井盖与井座不配套，井盖翘破或松动	井盖与井座不配套，井盖翘破或松动	井盖与井座不配套，井盖翘破或松动	井盖与井座不配套，井盖翘破或松动		修复		4应急工作时		4应急工作时		4应急工作时	

续表

大类代码	大类名称	小类代码	小类名称	法律依据	管理主体	立案规范				采集时间	结案规范		处置时限					
						主要道路	次要道路	背街小巷	其他		I	II	主要道路		次要道路		背街小巷	
													I	II	I	II	I	II
01	市政公用设施	09	网络井盖	《杭州市城市容和环境卫生管理条例》第二十条第二款；《杭州市地下管线盖板管理办法》第十三条	电信公司、移动公司、联通公司、铁通公司、华数公司、城管局（建管局）	缺失、移位	缺失、移位	缺失、移位	缺失、移位	8:00~17:30	围护或恢复		2应急工作时		2应急工作时		2应急工作时	
						缺失、移位已围护	缺失、移位已围护	缺失、移位已围护	缺失、移位已围护		恢复		1工作日		1工作日		1工作日	
						破损超过25cm²，开裂且影响安全	破损超过25cm²，开裂且影响安全	破损超过50cm²，开裂且影响安全	破损超过50cm²，开裂且影响安全		修复		4工作时		4工作时		4工作时	
						沉降最深处超过3cm，凸起最高处超过3cm	沉降最深处超过3cm，凸起最高处超过3cm	沉降最深处超过3cm，凸起最高处超过3cm	沉降最深处超过3cm，凸起最高处超过3cm		修复		7工作日		7工作日		7工作日	
						井盖与井座不配套，井盖翘破或松动	井盖与井座不配套，井盖翘破或松动	井盖与井座不配套，井盖翘破或松动	井盖与井座不配套，井盖翘破或松动		修复		4应急工作时		4应急工作时		4应急工作时	

附 录

续表

大类代码	大类名称	小类代码	小类名称	法律依据	管理主体	立案规范				采集时间	结案规范		处置时限					
						主要道路	次要道路	背街小巷	其他		I	II	主要道路		次要道路		背街小巷	
													I	II	I	II	I	II
01	市政公用设施	10	燃气井盖	《杭州市城市市容和环境卫生管理条例》第二十条第二款;《杭州市地下管线管板管理办法》第十三条	燃气公司、城管局(建管局)	缺失、移位	缺失、移位	缺失、移位	缺失、移位	8:00～17:30	围护或恢复		2应急工作时		2应急工作时		2应急工作时	
						缺失、移位已围护	缺失、移位已围护	缺失、移位已围护	缺失、移位已围护		恢复		1工作日		1工作日		1工作日	
						破损超过25cm²,开裂且影响安全	破损超过25cm²,开裂且影响安全	破损超过50cm²,开裂且影响安全	破损超过50cm²,开裂且影响安全		修复		4工作时		4工作时		4工作时	
						沉降最深处超过3cm,凸起最高处超过3cm	沉降最深处超过3cm,凸起最高处超过3cm	沉降最深处超过3cm,凸起最高处超过3cm	沉降最深处超过3cm,凸起最高处超过3cm		修复		7工作日		7工作日		7工作日	
						井盖与井座不配套、井盖翘坡或松动	井盖与井座不配套、井盖翘坡或松动	井盖与井座不配套、井盖翘坡或松动	井盖与井座不配套、井盖翘坡或松动		修复		4应急工作时		4应急工作时		4应急工作时	

续表

大类代码	大类名称	小类代码	小类名称	法律依据	管理主体	立案规范				采集时间	结案规范		处置时限					
						主要道路	次要道路	背街小巷	其他		I	II	主要道路		次要道路		背街小巷	
													I	II	I	II	I	II
01	市政公用设施	11	公安交警井盖	《杭州市城市市容和环境卫生管理条例》第二十条第二款；《杭州市地下管线盖板管理办法》第十三条	交警大队、城管局(建管局)	缺失、移位	缺失、移位	缺失、移位	缺失、移位	8:00~17:30	围护或恢复		2应急工作时		2应急工作时		2应急工作时	
						缺失、移位已围护	缺失、移位已围护	缺失、移位已围护	缺失、移位		恢复		1工作日		1工作日		1工作日	
						破损超过25cm²，开裂且影响安全	破损超过25cm²，开裂且影响安全	破损超过50cm²，开裂且影响安全	破损超过50cm²，开裂且影响安全		修复		4工作日		4工作日		4工作日	
						沉降最深处超过3cm、凸起最高处超过3cm	沉降最深处超过3cm、凸起最高处超过3cm	沉降最深处超过3cm、凸起最高处超过3cm	沉降最深处超过3cm、凸起最高处超过3cm		修复		7工作日		7工作日		7工作日	
						井盖与井座不配套、井盖翘起或松动	井盖与井座不配套、井盖翘起或松动	井盖与井座不配套、井盖翘起或松动	井盖与井座不配套、井盖翘起或松动		修复		4应急工作时		4应急工作时		4应急工作时	

附 录

续表

大类代码	大类名称	小类代码	小类名称	法律依据	管理主体	立案规范				采集时间	结案规范		处置时限					
						主要道路	次要道路	背街小巷	其他		I	II	主要道路		次要道路		背街小巷	
													I	II	I	II	I	II
01	市政公用设施	12	其他井盖	《杭州市城市容和环境卫生管理条例》第二十条第二款	城管局（建管局）、街道（乡、镇）	缺失、移位	缺失、移位	缺失、移位	缺失、移位	8:00～17:30	围护或恢复		2应急工作时		2应急工作时		2应急工作时	
						缺失、移位已围护	缺失、移位已围护	缺失、移位已围护	缺失、移位已围护		恢复		1工作日		1工作日		1工作日	
						破损超过25cm²、开裂且影响安全	破损超过25cm²、开裂且影响安全	破损超过50cm²、开裂且影响安全	破损超过50cm²、开裂且影响安全		修复		4工作日		4工作日		4工作日	
						沉降最深处超过3cm、凸起最高处超过3cm	沉降最深处超过3cm、凸起最高处超过3cm	沉降最深处超过3cm、凸起最高处超过3cm	沉降最深处超过3cm、凸起最高处超过3cm		修复		7工作日		7工作日		7工作日	
						井盖与井座不配套、井盖翘破或松动	井盖与井座不配套、井盖翘破或松动	井盖与井座不配套、井盖翘破或松动	井盖与井座不配套、井盖翘破或松动		修复		4应急工作时		4应急工作时		4应急工作时	

续表

大类代码	大类名称	小类代码	小类名称	法律依据	管理主体	立案规范				采集时间	结案规范		处置时限					
						主要道路	次要道路	背街小巷	其他		I	II	主要道路 I	II	次要道路 I	II	背街小巷 I	II
01	市政公用设施	13	消防设施	《中华人民共和国消防法》第二十九条	消防局	漏水、渗水、破损、缺件影响使用	漏水、渗水、破损、缺件影响使用	漏水、渗水、破损、缺件影响使用	漏水、渗水、破损、缺件影响使用	8:00~17:30	止水、修复		2工作日		2工作日		2工作日	
		14	电信交接箱	《杭州市城市市容和环境卫生管理条例》第二十三条	电信公司、城管局(建管局)	破损、倾斜、箱体锈蚀	破损、倾斜、箱体锈蚀	破损、倾斜、箱体锈蚀	破损、倾斜、箱体锈蚀	8:00~17:30	修复		2工作日		2工作日		2工作日	
		15	电力设施(变压器、输电塔)	《杭州市城市市容和环境卫生管理条例》第二十三条	电力公司(供电单位)、产权单位、城管局(建管局)	破损、缺失、箱体锈蚀	破损、缺失、箱体锈蚀	破损、缺失、箱体锈蚀	破损、缺失、箱体锈蚀	8:00~17:30	修复		2工作日		2工作日		2工作日	

附　录

续表

大类代码	大类名称	小类代码	小类名称	法律依据	管理主体	立案规范				采集时间	结案规范	处置时限					
						主要道路	次要道路	背街小巷	其他		Ⅰ	主要道路		次要道路		背街小巷	
												Ⅰ	Ⅱ	Ⅰ	Ⅱ	Ⅰ	Ⅱ
01	市政公用设施	16	线杆	《杭州市市容和环境卫生管理条例》第二十六条第二款	电信公司、电力公司、移动公司、联通公司、铁通公司、华数公司、交警大队、城管局(建管局)	倒伏	倒伏	倒伏	倒伏	8:00~17:30	修复	4应急工作时		4应急工作时		4应急工作时	
						废弃杆	废弃杆	废弃杆	废弃杆		清楚	2工作日		2工作日		2工作日	
						破损、倾斜(影响安全)	破损、倾斜(影响安全)	破损、倾斜(影响安全)	破损、倾斜(影响安全)		修复	2工作日		2工作日		2工作日	
		17	路灯	《城市道路照明设施管理规定》第十四条	城管局(建管局)、街道(乡、镇)	破损、缺亮、缺失	破损、缺亮、缺失	破损、缺亮、缺失	破损、缺亮、缺失	8:00~17:30	修复	2工作日		2工作日		2工作日	
		18	报刊亭	《杭州市市容和环境卫生管理条例》第二十三条	邮政局、城管局(建管局)	破损	破损	破损	破损	8:00~17:30	修复	3工作日		3工作日		3工作日	

续表

大类代码	大类名称	小类代码	小类名称	法律依据	管理主体	立案规范				采集时间	结案规范		处置时限					
						主要道路	次要道路	背街小巷	其他		I	II	主要道路		次要道路		背街小巷	
													I	II	I	II	I	II
01	市政公用设施	19	电话亭	《杭州市市容和市容环境卫生管理条例》第二十三条	电信公司、城管局(建管局)	破损	破损	破损	破损	8:00~17:30	修复		3工作日		3工作日		3工作日	
		20	邮筒(箱)	《杭州市市容和市容环境卫生管理条例》第二十三条	邮政局、城管局(建管局)	破损	破损	破损	破损	8:00~17:30	修复		3工作日		3工作日		3工作日	
		21	健身设施	《杭州市全民健身条例》第二十六条	住建局、街道(乡镇)、城管局(建管局)	破损、缺失、影响安全	破损、缺失、影响安全	破损、缺失、影响安全	破损、缺失、影响安全	8:00~17:30	修复或清除		7工作日		7工作日		7工作日	

续表

大类代码	大类名称	小类代码	小类名称	法律依据	管理主体	立案规范				采集时间	结案规范		处置时限					
						主要道路	次要道路	背街小巷	其他				主要道路		次要道路		背街小巷	
											Ⅰ	Ⅱ	Ⅰ	Ⅱ	Ⅰ	Ⅱ	Ⅰ	Ⅱ
01	市政公用设施	22	水渠	《杭州市市政设施管理条例》第三十八条第二款；《杭州市城市排水管理办法》第三十条	城管局（建管局）	盖板缺失（移位）	盖板缺失（移位）	盖板缺失（移位）	盖板缺失（移位）	8:00~17:30	围护或恢复		2应急工作时		2应急工作时		2应急工作时	
						盖板缺失（移位）已围护	盖板缺失（移位）已围护	盖板缺失（移位）已围护	盖板缺失（移位）已围护		恢复		1工作日		1工作日		1工作日	
						盖板破损、挡墙破损	盖板破损、挡墙破损	盖板破损、挡墙破损	盖板破损、挡墙破损		修复		2工作日		2工作日		2工作日	
		23	岗亭	《杭州市市容和环境卫生管理条例》第二十三条	公安局、交警大队、城管局（建管局）	破损、锈蚀	破损、锈蚀	破损、锈蚀	破损、锈蚀	8:00~17:30	修复		5工作日		5工作日		5工作日	

续表

大类代码	大类名称	小类代码	小类名称	法律依据	管理主体	立案规范				采集时间	结案规范		处置时限		
						主要道路	次要道路	背街小巷	其他		I	II	主要道路 I / II	次要道路 I / II	背街小巷 I / II
01	市政公用设施	24	河道标志、警示牌	《杭州市市政设施管理条例》第四十六条、《杭州市河道建设和管理条例》第二十四条	交通局、建管局、旅游局、城管局（建管局）、林水局	设施破损、缺失、变形、倾斜及内容错误	设施破损、缺失、变形、倾斜及内容错误	设施破损、缺失、变形、倾斜及内容错误	设施破损、缺失、变形、倾斜及内容错误	8:00~17:30	修复或清除		7工作日	7工作日	7工作日
		25	景观灯（含地灯、射灯）	《杭州夜景灯光设置管理办法》第二十条	城管局（建管局）、街道（乡、镇）	破损、缺失、缺亮、倾斜	破损、缺失、缺亮、倾斜	破损、缺失、缺亮、倾斜	破损、缺失、缺亮、倾斜	8:00~17:30	修复		5工作日	5工作日	5工作日
		26	电力交接箱	《杭州市市容和环境卫生管理条例》第二十三条	电力局（供电局）、城管局（建管局）	破损、倾斜、箱体锈蚀	破损、倾斜、箱体锈蚀	破损、倾斜、箱体锈蚀	破损、倾斜、箱体锈蚀	8:00~17:30	修复		2工作日	2工作日	2工作日

附　录

续表

大类代码	大类名称	小类代码	小类名称	法律依据	管理主体	立案规范				采集时间	结案规范		处置时限					
						主要道路	次要道路	背街小巷	其他		I	II	主要道路		次要道路		背街小巷	
													I	II	I	II	I	II
01	市政公用设施	27	移动交接箱	《杭州市市容和环境卫生管理条例》第二十三条	移动公司、城管局（建管局）	破损、倾斜、箱体锈蚀	破损、倾斜、箱体锈蚀	破损、倾斜、箱体锈蚀	破损、倾斜、箱体锈蚀	8:00~17:30	修复		2工作日		2工作日		2工作日	
		28	联通交接箱	《杭州市市容和环境卫生管理条例》第二十三条	联通公司、城管局（建管局）	破损、倾斜、箱体锈蚀	破损、倾斜、箱体锈蚀	破损、倾斜、箱体锈蚀	破损、倾斜、箱体锈蚀	8:00~17:30	修复		2工作日		2工作日		2工作日	
		29	网通交接箱	《杭州市市容和环境卫生管理条例》第二十三条	华数公司、城管局（建管局）	破损、倾斜、箱体锈蚀	破损、倾斜、箱体锈蚀	破损、倾斜、箱体锈蚀	破损、倾斜、箱体锈蚀	8:00~17:30	修复		2工作日		2工作日		2工作日	
		30	交警交接箱	《杭州市市容和环境卫生管理条例》第二十三条	交警大队、城管局（建管局）	破损、倾斜、箱体锈蚀	破损、倾斜、箱体锈蚀	破损、倾斜、箱体锈蚀	破损、倾斜、箱体锈蚀	8:00~17:30	修复		2工作日		2工作日		2工作日	

续表

大类代码	大类名称	小类代码	小类名称	法律依据	管理主体	立案规范				采集时间	结案规范		处置时限		
						主要道路	次要道路	背街小巷	其他		I	II	主要道路 I II	次要道路 I II	背街小巷 I II
01	市政公用设施	31	其他交接箱	《杭州市市容和市容环境卫生管理条例》第二十三条	各产权单位、城管局(建管局)	破损、倾斜、箱体锈蚀	破损、倾斜、箱体锈蚀	破损、倾斜、箱体锈蚀	破损、倾斜、箱体锈蚀	8:00~17:30	修复		2工作日	2工作日	2工作日
		32	路灯交接箱	《杭州市市容和市容环境卫生管理条例》第二十三条	路灯所、产权单位、城管局(建管局)	破损、倾斜、箱体锈蚀	破损、倾斜、箱体锈蚀	破损、倾斜、箱体锈蚀	破损、倾斜、箱体锈蚀	8:00~17:30	修复		2工作日	2工作日	2工作日
		33	庭院灯	《城市道路照明设施管理规定》第十四条;《杭州市夜景灯光设置管理办法》第二十条	城管局(建管局)、街道(乡镇)	破损、缺亮、缺失	破损、缺亮、缺失	破损、缺亮、缺失	破损、缺亮、缺失	8:00~17:30	修复		5工作日	5工作日	5工作日

附　录

续表

大类代码	大类名称	小类代码	小类名称	法律依据	管理主体	立案规范			采集时间	结案规范		处置时限				
												主要道路		次要道路		背街小巷	
						主要道路	次要道路	背街小巷	其他		I	II	I	II	I	II	I	II
01	市政公用设施	34	路灯杆	《城市道路照明设施管理规定》第十四条；《杭州市城市市容和环境卫生管理条例》第二十六条	路灯所、街道(乡、镇)、城管局(建管局)	倒伏	倒伏	倒伏	倒伏	8:00~17:30	消除安全隐患		4应急工作时		4应急工作时		4应急工作时	
						倒伏已消除安全隐患，尚未复杆	倒伏已消除安全隐患，尚未复杆	倒伏已消除安全隐患，尚未复杆	倒伏已消除安全隐患，尚未复杆	8:00~17:30	恢复		5工作日		5工作日		5工作日	
						倾斜、破损	倾斜、破损	倾斜、破损	倾斜、破损	8:00~17:30	修复		2工作日		2工作日		2工作日	
						破损、功能缺失	破损、功能缺失	破损、功能缺失	破损、功能缺失	8:00~17:30	修复		3工作日		3工作日		3工作日	
		35	直饮水机		城管局(建管局)、街道(乡、镇)	设施破损	设施破损	设施破损	设施破损	8:00~17:30	修复		7工作日		7工作日		7工作日	
02	道路交通设施	01	停车场	《杭州市机动车停车场(库)建设和管理办法》第二十五条	城管局(建管局)、街道(乡、镇)、交警大队													

续表

大类代码	大类名称	小类代码	小类名称	法律依据	管理主体	立案规范				结案规范		处置时限		
						主要道路	次要道路	背街小巷	其他	Ⅰ	Ⅱ	主要道路 Ⅰ Ⅱ	次要道路 Ⅰ Ⅱ	背街小巷 Ⅰ Ⅱ
									采集时间					
02	道路交通设施	02	停车咪表	《杭州市城市市容和环境卫生管理条例》第三章第一节第二十三条	城管局（建管局）	破损、倾斜	破损、倾斜	破损、倾斜	破损、倾斜	修复		8:00~17:30	5工作日	5工作日	5工作日
		03	公交候车亭	《杭州市城市客运管理条例》第十二条；《杭州市市容和环境卫生管理条例》第十九条第二款	公交公司、新闻传媒中心、城管局（建管局）	亭体或其附属设施破损、缺失	亭体或其附属设施破损、缺失	亭体或其附属设施破损、缺失	亭体或其附属设施破损、缺失	修复		8:00~17:30	7工作日	7工作日	7工作日

续表

大类代码	大类名称	小类代码	小类名称	法律依据	管理主体	立案规范					结案规范		处置时限					
						主要道路	次要道路	背街小巷	其他	采集时间	I	II	主要道路 I	主要道路 II	次要道路 I	次要道路 II	背街小巷 I	背街小巷 II
02	道路交通设施	04	出租车站牌(临时停靠站)	《杭州市城市公共客运管理条例》第十二条;《杭州市市容和环境卫生管理条例》第十九条第二款	市交通局、公交公司、城管局(建管局)	破损、倾斜、锈蚀、内容错误或不完整	破损、倾斜、锈蚀、内容错误或不完整	破损、倾斜、锈蚀、内容错误或不完整	破损、倾斜、锈蚀、内容错误或不完整	8:00~17:30	修复		5工作日		5工作日		5工作日	
		05	跨河(江、湖)桥	《杭州市市政设施管理条例》第二十八条	交通局、城管局(建管局)、街道(乡镇)	桥体及其附属设施破损	桥体及其附属设施破损	桥体及其附属设施破损	桥体及其附属设施破损	8:00~17:30	修复		5工作日		5工作日		5工作日	
		06	交通标志牌	《杭州市市容和环境卫生管理条例》第十九条第三项	交警大队、城管局(建管局)	破损、倾斜、锈蚀、内容错误或不完整	破损、倾斜、锈蚀、内容错误或不完整	破损、倾斜、锈蚀、内容错误或不完整	破损、倾斜、锈蚀、内容错误或不完整	8:00~17:30	修复		5工作日		5工作日		5工作日	

续表

大类代码	大类名称	小类代码	小类名称	法律依据	管理主体	立案规范				采集时间	结案规范		处置时限					
						主要道路	次要道路	背街小巷	其他		I	II	主要道路		次要道路		背街小巷	
													I	II	I	II	I	II
02	道路交通设施	07	交通护栏	《杭州市市容和环境卫生管理条例》第十九条第三项	交警大队、城管局（建管局）	破损、脱落、缺失	破损、脱落、缺失	破损、脱落、缺失	破损、脱落、缺失	8:00~17:30	修复		3工作日		3工作日		3工作日	
		08	路名牌	《杭州市市政设施管理条例》第十七条第二款；《杭州市市容和环境卫生管理条例》第十九条	民政局、城管局（建管局）	破损、倾斜、锈蚀、内容错误或不完整	破损、倾斜、锈蚀、内容错误或不完整	破损、倾斜、锈蚀、内容错误或不完整	破损、倾斜、锈蚀、内容错误或不完整	8:00~17:30	修复		5工作日		5工作日		5工作日	
		09	门牌	《杭州市门牌管理规定》第三条	民政局、城管局（建管局）	破损、锈蚀、缺失、内容错误	破损、锈蚀、倾斜、缺失、内容错误	破损、锈蚀、倾斜、缺失、内容错误	破损、锈蚀、倾斜、缺失、内容错误	8:00~17:30	修复		5工作日		5工作日		5工作日	

续表

大类代码	大类名称	小类代码	小类名称	法律依据	管理主体	立案规范				结案规范		处置时限					
						主要道路	次要道路	背街小巷	其他	采集时间		主要道路		次要道路		背街小巷	
											I	II	I	II	I	II	
02	道路交通设施	10	公交站台	《杭州市城市公共客运管理条例》第十二条	公交公司、城管局(建管局)	地面破损，不平整超过0.3m²	地面破损，不平整超过0.3m²	地面破损，不平整超过0.3m²	地面破损，不平整超过0.3m²	8:00~17:30	修复	5工作日		5工作日		5工作日	
		11	交警指路牌	《杭州市城市容和市环境卫生管理条例》第十九条第三项	交警大队、城管局(建管局)	破损、倾斜、锈蚀、内容错误或不完整	破损、倾斜、锈蚀、内容错误或不完整	破损、倾斜、锈蚀、内容错误或不完整	破损、倾斜、锈蚀、内容错误或不完整	8:00~17:30	修复	5工作日		5工作日		5工作日	
		12	无障碍设施指路牌	《杭州市城市容和市环境卫生管理条例》第十九条第三项	城管局(建管局)	破损、倾斜、锈蚀、内容错误或不完整	破损、倾斜、锈蚀、内容错误或不完整	破损、倾斜、锈蚀、内容错误或不完整	破损、倾斜、锈蚀、内容错误或不完整	8:00~17:30	修复	5工作日		5工作日		5工作日	

续表

大类代码	大类名称	小类代码	小类名称	法律依据	管理主体	立案规范				采集时间	结案规范		处置时限		
						主要道路	次要道路	背街小巷	其他		I	II	主要道路 I II	次要道路 I II	背街小巷 I II
02	道路交通设施	13	公交站牌	《杭州市城市公共客运管理条例》第十二条	公交公司、新闻传媒中心	破损、倾斜、锈蚀、缺亮、内容错误或不完整	破损、倾斜、锈蚀、缺亮、内容错误或不完整	破损、倾斜、锈蚀、缺亮、内容错误或不完整	破损、倾斜、锈蚀、内容错误或不完整	8:00~17:30	修复		5工作日	5工作日	5工作日
		14	地名牌	《杭州市地名管理办法》第三十六条	民政局、城管局（建管局）	破损、倾斜、锈蚀、内容错误或不完整	破损、倾斜、锈蚀、内容错误或不完整	破损、倾斜、锈蚀、内容错误或不完整	破损、倾斜、锈蚀、内容错误或不完整	8:00~17:30	修复		5工作日	5工作日	5工作日
		15	监控探头	《杭州市城市容和环境卫生管理条例》第十四条、第二十三条	公安局、交警大队、城管局、街道（乡、镇）	破损、倾斜、锈蚀、缺失	破损、倾斜、锈蚀、缺失	破损、倾斜、锈蚀、缺失	破损、倾斜、锈蚀、缺失	8:00~17:30	修复		5工作日	5工作日	5工作日

附　录

续表

大类代码	大类名称	小类代码	小类名称	法律依据	管理主体	立案规范				采集时间	结案规范		处置时限					
						主要道路	次要道路	背街小巷	其他		I	II	主要道路		次要道路		背街小巷	
													I	II	I	II	I	II
02	道路交通设施	16	车行道	《浙江省城市道路管理办法》第十八条、第十九条；《杭州市市政设施管理条例》第十六条、第十七条；《杭州市城市道路养护技术规程》5.2.4、5.3.4、6.1.2；《杭州城市区市道路设施完好度检查考核试行办法》	城管局（建管局、街道、乡镇）	沥青路面破损深度超过2cm，面积超过100cm²；松散。	沥青路面破损深度超过2cm，面积超100cm²，网裂、碎裂面积超过1m²，下沉超过2cm，车辙、拥包高差超过1.5cm	沥青路面破损深度超过3cm，面积超过100cm²，网裂、碎裂面积超过1m²，下沉超过2cm，车辙、拥包高差超过1.5cm	沥青路面破损深度超过3cm，面积超过100cm²，网裂、碎裂面积超过1m²，下沉超过2cm，车辙、拥包高差超过1.5cm	8:00～17:30	修复		3工作日		5工作日		5工作日	

续表

大类代码	大类名称	小类代码	小类名称	法律依据	管理主体	立案规范 主要道路	立案规范 次要道路	立案规范 背街小巷	立案规范 其他	采集时间	结案规范 I	结案规范 II	处置时限 主要道路 I	处置时限 主要道路 II	处置时限 次要道路 I	处置时限 次要道路 II	处置时限 背街小巷 I	处置时限 背街小巷 II
02	道路交通设施	17	人行道	《杭州市市政设施管理条例》第十六条、第十七条；《杭州市市容和环境卫生管理条例》第十九条第一款	城管局（建管局）、街道（乡、镇）	道板破损、缺失、松动	道板破损、明显坑洼不平整、道板缺失、道板松动超过0.3m²	道板破损、明显坑洼不平整、道板缺失、道板松动超过1m²	道板破损、明显坑洼不平整、道板缺失、道板松动超过1m²	8:00~17:30	按照同材质、同规格、同类颜色或同图案花纹的砌块修复		3工作日		5工作日		5工作日	
02	道路交通设施	18	盲道	《杭州市市容和环境卫生管理条例》第十九条第一款	城管局（建管局）、街道（乡、镇）	道板破损、缺失、松动	道板破损、缺失、道板松动超过0.3m²	破损、明显坑洼不平整、道板缺失、板松动超过0.5m²；沉陷深度大于2cm，面积超过1m²	破损、明显坑洼不平整、道板缺失、板松动超过0.5m²；沉陷深度大于2cm，面积超过1m²	8:00~17:30	按照同材质、同规格、同类颜色或同图案花纹的砌块修复		3工作日		5工作日		5工作日	

附 录

续表

大类代码	大类名称	小类代码	小类名称	法律依据	管理主体	立案规范				采集时间	结案规范		处置时限					
						主要道路	次要道路	背街小巷	其他		I	II	主要道路 I	主要道路 II	次要道路 I	次要道路 II	背街小巷 I	背街小巷 II
02	道路交通设施	19	道路侧平石	《杭州市城市容和环境卫生管理条例》第十九条第一款	城管局（建管局）、街道（乡、镇）	道路侧石、平石破损面积大于整块板块1/6以上；松动、沉陷深度超过2cm；缺失、移位	道路侧石、平石破损面积大于整块板块1/6以上；松动、沉陷深度超过2cm；缺失、移位	道路侧石、平石破损面积大于整块板块1/6以上；松动、沉陷深度超过2cm；缺失、移位	道路侧石、平石破损面积大于整块板块1/6以上；松动、沉陷深度超过2cm；缺失、移位	8:00~17:30	修复		3工作日		5工作日		5工作日	
		20	电信、电力标示牌	《杭州市城市容和环境卫生管理条例》第十九条第三项	电信公司、电力局（供电局）、城管局（建管局）	破损、倾斜、锈蚀、内容错误或不完整	破损、倾斜、锈蚀、内容错误或不完整	破损、倾斜、锈蚀、内容错误或不完整	破损、倾斜、锈蚀、内容错误或不完整	8:00~17:30	修复		2工作日		2工作日		2工作日	
		21	交通信号灯	《杭州市城市容和环境卫生管理条例》第十九条第三项	交警大队、城管局（建管局）	破损、缺亮、倾斜、锈蚀	破损、缺亮、倾斜、锈蚀	破损、缺亮、倾斜、锈蚀	破损、缺亮、倾斜、锈蚀	8:00~17:30	修复		3工作日		3工作日		3工作日	

续表

大类代码	大类名称	小类代码	小类名称	法律依据	管理主体	立案规范 主要道路	立案规范 次要道路	立案规范 背街小巷	立案规范 其他	采集时间	结案规范 I	结案规范 II	处置时限 主要道路 I	处置时限 主要道路 II	处置时限 次要道路 I	处置时限 次要道路 II	处置时限 背街小巷 I	处置时限 背街小巷 II
02	道路交通设施	22	公安警示牌	《杭州市城市市容和环境卫生管理条例》第十九条第三项	公安局、城管局(建管局)	破损、倾斜、锈蚀、误或内容错不完整	破损、倾斜、锈蚀、误或内容错不完整	破损、倾斜、锈蚀、误或内容错不完整	破损、倾斜、锈蚀、误或内容错不完整	8:00~17:30	修复		2工作日		2工作日		2工作日	
		23	停车告示牌	《杭州市城市市容和环境卫生管理条例》第十九条第三项	交警大队、城管局(建管局)	破损、倾斜、锈蚀、误或内容错不完整	破损、倾斜、锈蚀、误或内容错不完整	破损、倾斜、锈蚀、误或内容错不完整	破损、倾斜、锈蚀、误或内容错不完整	8:00~17:30	修复		2工作日		2工作日		2工作日	
		24	交通警示柱	《杭州市城市市容和环境卫生管理条例》第十九条第三项	交警大队、城管局(建管局)	破损、倾斜、缺失、移位	破损、倾斜、缺失、移位	破损、倾斜、缺失、移位	破损、倾斜、缺失、移位	8:00~17:30	修复或清除		2工作日		2工作日		2工作日	

附　录

续表

大类代码	大类名称	小类代码	小类名称	法律依据	管理主体	立案规范				采集时间	结案规范			处置时限					
						主要道路	次要道路	背街小巷	其他					主要道路		次要道路		背街小巷	
											Ⅰ	Ⅱ		Ⅰ	Ⅱ	Ⅰ	Ⅱ	Ⅰ	Ⅱ
02	道路交通设施	25	减速带	《杭州市市容和环境卫生管理条例》第十九条第三项	交警队、街道(乡、镇)、城管局(建管局)	破损、缺失、移位	破损、缺失、移位	破损、缺失、移位	破损、缺失、移位	8:00~17:30	修复		3工作日		3工作日		3工作日		
		26	公共自行车租赁点	《杭州市市容和环境卫生管理条例》第二十三条	公交集团、城管局(建管局)	设施破损、缺失	设施破损、缺失	设施破损、缺失	设施破损、缺失	8:00~17:30	修复		7工作日		7工作日		7工作日		
		27	障碍物	《杭州市市政设施管理条例》第十七条;《浙江省城市道路管理办法》第二十七条和三十六条	城管局(建管局)、街道(乡、镇)	存在影响安全或通行的障碍物	存在影响安全或通行的障碍物	存在影响安全或通行的障碍物	存在影响安全或通行的障碍物	8:00~17:30	清除		2工作日		2工作日		2工作日		

续表

大类代码	大类名称	小类代码	小类名称	法律依据	管理主体	立案规范 主要道路	立案规范 次要道路	立案规范 背街小巷	立案规范 其他	采集时间	结案规范 I	结案规范 II	处置时限 主要道路 I	处置时限 主要道路 II	处置时限 次要道路 I	处置时限 次要道路 II	处置时限 背街小巷 I	处置时限 背街小巷 II
02	道路交通设施	28	人行道护栏	《杭州市市容和环境卫生管理条例》第十九条第三项	城管局（建管局）	破损、缺失、锈蚀	破损、缺失、锈蚀	破损、缺失、锈蚀	破损、缺失、锈蚀	8:00~17:30	修复		3工作日		3工作日		3工作日	
		29	工程规划告示牌	《杭州市城乡规划条例》第三十五条	规划局	破损、倾斜	破损、倾斜	破损、倾斜	破损、倾斜	8:00~17:30	修复		2工作日		2工作日		2工作日	
		30	人行横道线	《中华人民共和国道路交通安全法》第二十五条	交警大队	单条人行横道线缺失面积超过整体的四分之一	单条人行横道线缺失面积超过整体的四分之一	单条人行横道线缺失面积超过整体的四分之一	单条人行横道线缺失面积超过整体的四分之一	8:00~17:30	恢复		2工作日		2工作日		2工作日	
		31	桥下空间	《杭州市市政设施管理条例》第三十条	城管局（建管局）、街（乡、镇）道	违法占用、堆放无关物品 违法施工	违法占用、堆放无关物品 违法施工	违法占用、堆放无关物品 违法施工	违法占用、堆放无关物品 违法施工	8:00~17:30	清除 制止并恢复	立案查处	2工作日	3工作日	2工作日	3工作日	2工作日	3工作日

续表

大类代码	大类名称	小类代码	小类名称	法律依据	管理主体	立案规范				采集时间	结案规范		处置时限					
						主要道路	次要道路	背街小巷	其他		I	II	主要道路		次要道路		背街小巷	
													I	II	I	II	I	II
02	道路交通设施	32	道路指示牌	《杭州市市容和环境卫生管理条例》第十九条第三项、《杭州市市政设施管理条例》第十七条第二款、《杭州市地名管理办法》第三十六条	城管局（建管局）、街道（乡、镇）	破损、倾斜、锈蚀、内容错误或不完整	破损、倾斜、锈蚀、内容错误或不完整	破损、倾斜、锈蚀、内容错误或不完整	破损、倾斜、锈蚀、内容错误或不完整	8:00~17:30	修复或恢复		5工作日		5工作日		5工作日	
03	市容环境	01	公共厕所	《杭州市市容和环境卫生管理条例》第七十一条、《杭州市城市公厕管理办法》第十二条	城管局（建管局）	立面破损、设施破损或缺失	立面破损、设施破损或缺失	立面破损、设施破损或缺失	立面破损、设施破损或缺失	8:00~17:30	修复		7工作日		7工作日		7工作日	

续表

大类代码	大类名称	小类代码	小类名称	法律依据	管理主体	立案规范				采集时间	结案规范		处置时限					
						主要道路	次要道路	背街小巷	其他		I	II	主要道路 I	主要道路 II	次要道路 I	次要道路 II	背街小巷 I	背街小巷 II
03	市容环境	02	化粪池	《杭州市市容和环境卫生管理条例》第七十一条，《杭州市城市公厕管理办法》第十二条	城管局（建管局）	盖板缺失	盖板缺失	盖板缺失	盖板缺失	8:00~17:30	围护	修复	2应急工作时	7工作日	2应急工作时	7工作日	2应急工作时	7工作日
						盖板移位	盖板移位	盖板移位	盖板移位		恢复		4工作时		4工作时		4工作时	
						破损超过25cm²，开裂且影响安全	破损超过25cm²，开裂且影响安全	破损超过25cm²，开裂且影响安全	破损超过25cm²，开裂且影响安全		修复		7工作日		7工作日		7工作日	
		03	公厕指示牌	《杭州市市容和环境卫生管理条例》第七十一条，《杭州市城市公厕管理办法》第十二条	城管局（建管局）	破损、倾斜、锈蚀、内容错误或内容不完整	破损、倾斜、锈蚀、内容错误或内容不完整	破损、倾斜、锈蚀、内容错误或内容不完整	破损、倾斜、锈蚀、内容错误或内容不完整	8:00~17:30	修复		2工作日		2工作日		2工作日	

附　录

续表

大类代码	大类名称	小类代码	小类名称	法律依据	管理主体	立案规范				采集时间	结案规范		处置时限					
						主要道路	次要道路	背街小巷	其他		I	II	主要道路		次要道路		背街小巷	
													I	II	I	II	I	II
03	市容环境	04	垃圾间(房)	《杭州市城市市容和环境卫生管理条例》第七十一条	城管局(建管局)	破损、门缺失	破损、门缺失	破损、门缺失	破损、门缺失	8:00~17:30	修复		5工作日		5工作日		5工作日	
		05	果皮箱	《杭州市城市生活垃圾管理办法》第十二条第二款	城管局(建管局)	破损、倾斜、缺失	破损、倾斜、缺失	破损、倾斜、缺失	破损、倾斜、缺失	8:00~17:30	修复		2工作日		2工作日		2工作日	
		06	户外广告(含霓虹灯、电子显示屏、灯箱广告等)	《杭州市城市市容和环境卫生管理条例》第三十三条,《杭州市户外广告设施和招牌指示牌管理条例》第二十六条	城管局(建管局)	许可设施破损、断字缺亮、倾斜	许可设施破损、断字缺亮、倾斜	许可设施破损、断字缺亮、倾斜	许可设施破损、断字缺亮、倾斜	8:00~17:30	修复	立案查处	10工作日	3工作日	10工作日	3工作日	10工作日	3工作日

续表

大类代码	大类名称	小类代码	小类名称	法律依据	管理主体	立案规范 主要道路	立案规范 次要道路	立案规范 背街小巷	立案规范 其他	采集时间	结案规范 I	结案规范 II	处置时限 主要道路 I	处置时限 主要道路 II	处置时限 次要道路 I	处置时限 次要道路 II	处置时限 背街小巷 I	处置时限 背街小巷 II
03	市容环境	07	垃圾中转站	《杭州市市容和环境卫生管理条例》第七十一条、《浙江省城市市容和环境卫生管理条例》第四十二条第（二）项	城管局（建管局）、街道（乡、镇）	出入口破损、立面破损或有严重污垢	出入口破损、立面破损或有严重污垢	出入口破损、立面破损或有严重污垢	出入口破损、立面破损或有严重污垢	8:00~17:30	修复或清理		3工作日		3工作日		3工作日	
		08	指示牌（专指社会单位或个人设置广告设施和招牌指示牌的）	《杭州市市容和环境卫生管理条例》第三十三条，《杭州市户外广告设施和招牌指示牌管理条例》第二十六条	城管局（建管局）	破损、断字缺亮、倾斜	破损、断字缺亮、倾斜	破损、断字缺亮、倾斜	破损、断字缺亮、倾斜	8:00~17:30	修复		10工作日		10工作日		10工作日	

附录

续表

大类代码	大类名称	小类代码	小类名称	法律依据	管理主体	立案规范				采集时间	结案规范		处置时限					
						主要道路	次要道路	背街小巷	其他		I	II	主要道路 I	主要道路 II	次要道路 I	次要道路 II	背街小巷 I	背街小巷 II
03	市容环境	09	垃圾桶	《杭州市城市生活垃圾管理办法》第十二条第二款	城管局（建管局）、街道（乡镇）	破损、盖板未盖	破损、盖板未盖	破损、盖板未盖	破损、盖板未盖	8:00~17:30	修复		2工作日		2工作日		2工作日	
04	园林绿化	01	古树（维护设施）	《城市绿化条例》第二十三条	城管局（建管局）	维护设施破损	维护设施破损	维护设施破损	维护设施破损		修复		5工作日		5工作日		5工作日	
						严重积雪压枝	严重积雪压枝	严重积雪压枝	严重积雪压枝		清除		4工时		4工时		4工时	
						死株、缺株	死株、缺株	死株、缺株	死株、缺株		恢复		5工作日		5工作日		5工作日	
04		02	行道树	《城市绿化条例》第二十三条	住建局、城管局（建管局）	倒伏、断枝	倒伏、断枝	倒伏、断枝	倒伏、断枝	8:00~17:30	消除安全隐患		2应急工作时		2应急工作时		2应急工作时	
						倒伏、断枝已围护尚未恢复	倒伏、断枝已围护尚未恢复	倒伏、断枝已围护尚未恢复	倒伏、断枝已围护尚未恢复		恢复		2工作日		2工作日		2工作日	

续表

大类代码	大类名称	小类代码	小类名称	法律依据	管理主体	立案规范				采集时间	结案规范		处置时限					
						主要道路	次要道路	背街小巷	其他		I	II	主要道路		次要道路		背街小巷	
													I	II	I	II	I	II
04	园林绿化	03	树池篦子、树穴	《城市绿化条例》第二十三条	住建局、城管局（建管局）	泥土裸露、保护设施破损、缺失	泥土裸露、保护设施破损、缺失	泥土裸露、保护设施破损、缺失	泥土裸露、保护设施破损、缺失	8:00~17:30	恢复		5工作日		5工作日		5工作日	
		04	花架	《城市绿化条例》第二十三条	住建局、城管局（建管局）	破损、缺失	破损、缺失	破损、缺失	破损、缺失	8:00~17:30	恢复		5工作日		5工作日		5工作日	
		05	绿地	《城市绿化条例》第二十三条	住建局、城管局（建管局）	枯死、黄土裸露	枯死、黄土裸露	枯死、黄土裸露	枯死、黄土裸露	8:00~17:30	修复		5工作日		5工作日		5工作日	
		06	雕塑	《浙江省城市容和环境卫生管理条例》第十五条	住建局、城管局（建管局）	破损、倾斜、污损	破损、倾斜、污损	破损、倾斜、污损	破损、倾斜、污损	8:00~17:30	修复		10工作日		10工作日		10工作日	
		07	街头座椅	《浙江省城市容和环境卫生管理条例》第十条	住建局、城管局（建管局）	破损、缺失、倾斜	破损、缺失、倾斜	破损、缺失、倾斜	破损、缺失、倾斜	8:00~17:30	修复		7工作日		7工作日		7工作日	

续表

大类代码	大类名称	小类代码	小类名称	法律依据	管理主体	立案规范			采集时间	结案规范		处置时限					
						主要道路	次要道路	背街小巷	其他				主要道路		次要道路		背街小巷	
											I	II	I	II	I	II	I	II
04	园林绿化	08	绿化护栏	《城市绿化条例》第二十三条	住建局、城管局（建管局）	破损、脱落、缺失	破损、脱落、缺失	破损、脱落、缺失	破损、脱落、缺失	8:00~17:30	修复		3工作日		3工作日		3工作日	
		09	花钵	《城市绿化条例》第二十三条	住建局、城管局（建管局）	破损、缺失、缺株死株、黄土裸露	破损、缺失、缺株死株、黄土裸露	破损、缺失、缺株死株、黄土裸露	破损、缺失、缺株死株、黄土裸露	8:00~17:30	修复		7工作日		7工作日		7工作日	
		10	休息亭	《城市绿化条例》第二十三条	住建局、城管局（建管局）	亭体及附属设施破损、缺失	亭体及附属设施破损、缺失	亭体及附属设施破损、缺失	亭体及附属设施破损、缺失	8:00~17:30	修复		7工作日		7工作日		7工作日	
		11	绿化平侧石	《城市绿化条例》第二十三条	住建局、城管局（建管局）	破损、缺失、移位	破损、缺失、移位	破损、缺失、移位	破损、缺失、移位	8:00~17:30	修复		5工作日		5工作日		5工作日	
05	房屋建筑	01	宣传栏	《浙江省城市市容和环境卫生管理条例》第十条	城管局（建管局）	破损、缺亮、锈蚀、附属设施不平整	破损、缺亮、锈蚀、附属设施不平整	破损、缺亮、锈蚀、附属设施不平整	破损、缺亮、锈蚀、附属设施不平整	8:00~17:30	修复或拆除		7工作日		7工作日		7工作日	

续表

大类代码	大类名称	小类代码	小类名称	法律依据	管理主体	立案规范				采集时间	结案规范		处置时限					
						主要道路	次要道路	背街小巷	其他		I	II	主要道路		次要道路		背街小巷	
													I	II	I	II	I	II
06	其他设施	01	工地出入口	《杭州市建筑工地文明施工管理规定》第十二条	住建局、城管局（建管局）	封闭式工地出入口未硬化、附属设施破损	封闭式工地出入口未硬化、附属设施破损	封闭式工地出入口未硬化、附属设施破损	封闭式工地出入口未硬化、附属设施破损	8:00~17:30	铺设钢板或修复		7工作日		7工作日		7工作日	
		02	河湖堤坝	《杭州市市政管理条例》第四十六条	林水局、住建局（建管局）、建设集团、街道（乡、镇）	塌陷、破损	塌陷、破损	塌陷、破损	塌陷、破损	8:00~17:30	围护	修复	1工作日	7工作日	1工作日	7工作日	1工作日	7工作日

备注：
1. 管理主体：指具有公共管理职能的部门或具有养护义务的单位，建设区域或建成未移交区域的相关问题责任单位统一为建设单位（产权明确或有相关会议纪要规定的除外）。
2. 主要道路：包括一类道路、一类河道及周边、窗口地区指车站、公园、游步道、窗口地区指车站、公园、特色街区。
3. 次要道路：包括二、三类道路、二类河道及周边。
4. 背街小巷：包括一、二类街巷、三类街巷（含三类街巷、未整治河道（含暗涵河道）、城中村。
5. 其他：除了以上三类之外的区域，仅采集和交办，暂不纳入数字城管考核。
6. 应急工作时：指不间断计时的数字城管信息系统运行时间。
7. 工作日：指除法定节假日、休息日外，每日按7小时计划的工作时间。
8. 街道（乡、镇）含"窗口"地区管委会、景区管理处。
9. 信息来源：上述类别的问题信息来源包含"数字城管信息采集员采集"、"监控视频采集"、"贴心城管"APP上报等几种方式。

杭州市数字化城市管理部件和事件立案结案规范（副城区及县市2015年修订版）

二、事件

大类代码	大类名称	小类代码	小类名称	法律依据	管理主体	立案规范				采集时间	结案规范		处置时限					
						主要道路	次要道路	背街小巷	其他		I	II	主要道路		次要道路		背街小巷	
													I	II	I	II	I	II
01	市容环境	01	暴露垃圾	《杭州市市容和环境卫生管理条例》第四十五条第二、四项；第四十五条第二款	城管局（建管局）、街道（乡、镇）	成堆、成片的垃圾	成堆、成片的垃圾	成堆、成片的垃圾	成堆、成片的垃圾	8:00~17:30	清除		2工作时		2工作时		4工作时	
		02	积存垃圾渣土	《杭州市市容和环境卫生管理条例》第二十五条第二款；第五十条第四款	城管局（建管局）、建设单位、街道（乡、镇）	建筑垃圾及堆积的泥土（含覆盖部分生活垃圾的）	建筑垃圾及堆积的泥土（含覆盖部分生活垃圾的）	建筑垃圾及堆积的泥土（含覆盖部分生活垃圾的）	建筑垃圾及堆积的泥土（含覆盖部分生活垃圾的）	8:00~17:30	清除		2工作日		2工作日		2工作日	

续表

大类代码	大类名称	小类代码	小类名称	法律依据	管理主体	立案规范				采集时间	结案规范		处置时限					
						主要道路	次要道路	背街小巷	其他		I	II	主要道路		次要道路		背街小巷	
													I	II	I	II	I	II
01	市容环境	03	河道(含沟渠、湖面)不洁	《杭州市城市河道建设和管理条例》第三十七条	林水局、城管局(建管局)	河道(含沟渠、湖面)有漂浮物、沟渠有淤积、堵塞、漂浮物,大面积油污	河道(含沟渠、湖面)有漂浮物、沟渠有淤积、堵塞、漂浮物,大面积油污	河道(含沟渠、湖面)有漂浮物、沟渠有淤积、堵塞、漂浮物,大面积油污	河道(含沟渠、湖面)有漂浮物、沟渠有淤积、堵塞、漂浮物,大面积油污	8:00~17:30	清除		2工作日		2工作日		2工作日	
		04	绿地不洁	《杭州市市容环境卫生管理条例》第四十九条。《杭州市城市绿化管理条例》第二十一条、第三十五条;第三项	城管局(建管局)、建设局、街道(乡、镇)	绿地中的生活垃圾	绿地中的生活垃圾	绿地中的生活垃圾	绿地中的生活垃圾	8:00~17:30	清除		2工作时		2工作时		4工作时	
		05	路面不洁	《杭州市市容环境卫生管理条例》第四十五条	城管局(建管局)、街道(乡、镇)	10m: 10m范围内路面散落超过3处的生活垃圾	10m: 10m范围内路面散落超过3处的生活垃圾	10m: 10m范围内路面散落超过3处的生活垃圾	15m: 15m范围内路面散落超过4处的生活垃圾	8:00~17:30	清除		1工作时		1工作时		2工作时	

附　录

续表

大类代码	大类名称	小类代码	小类名称	法律依据	管理主体	立案规范				结案规范		处置时限					
						主要道路	次要道路	背街小巷	其他	采集时间		主要道路		次要道路		背街小巷	
											I	II	I	II	I	II	I	II
01	市容环境	06	废弃家具	《杭州市城市市容和环境卫生管理条例》第五十八条第一款;第五十八条第二款	城管局（建管局）、街道（乡、镇）	堆放在垃圾房（桶、箱）外的家具	堆放在垃圾房（桶、箱）外的家具	堆放在垃圾房（桶、箱）外的家具	堆放在垃圾房（桶、箱）外的家具	8:00~17:30	清除		3工作日		3工作日		3工作日	
		07	沿街晾晒（吊挂）物品	《杭州市市容和环境卫生管理条例》第二十六条第二款;第二十六条第三款	城管局（建管局）、街道（乡、镇）	占压盲道、占用绿化、护栏，影响交通通行的沿街晾晒;管线上吊挂物品	占压盲道、占用绿化、护栏，影响交通通行的沿街晾晒;管线上吊挂物品	占压盲道、占用绿化、护栏，影响交通通行的沿街晾晒;管线上吊挂物品	占压盲道、占用绿化、护栏，影响交通通行的沿街晾晒;管线上吊挂物品	8:00~17:30	整改		4小时		4小时		4小时	
		08	遮阳篷破损	《浙江省城市市容和环境卫生管理条例》第二十二条第二款;第二十二条第三款	城管局（建管局）、街道（乡、镇）	存在安全隐患或影响市容市貌的破损	存在安全隐患或影响市容市貌的破损	存在安全隐患或影响市容市貌的破损（暂缓）	存在安全隐患或影响市容市貌的破损（暂缓）	8:00~17:30	整改	立案查处	7工作日	3工作日	7工作日	3工作日	7工作日（暂缓）	3工作日（暂缓）

续表

大类代码	大类名称	小类代码	小类名称	法律依据	管理主体	立案规范			采集时间	结案规范		处置时限		
						主要道路	次要道路	背街小巷	其他		I	II	主要道路 I II	次要道路 I II	背街小巷 I II
01	市容环境	09	沿街立面脏、缺、损	《杭州市城市市容和环境卫生管理条例》第二十六条第二款、第二十六条第三款	建设局、城管局（建管局）、街道（乡、镇）	存在安全隐患的破损或影响市容市貌的破损、不洁	存在安全隐患的破损或影响市容市貌的破损、不洁	存在安全隐患的破损或影响市容市貌的破损、不洁	存在安全隐患的破损或影响市容市貌的破损、不洁	8:00~17:30	维修或清理	立案查处	7工作日	7工作日	7工作日
		10	杆线下垂	《杭州市城市市容和环境卫生管理条例》第二十六条第二款、第二十六条第三款	产权单位（电力、电信、华数、移动、铁通等公司）、城管局（建管局）、街道（乡、镇）	线路下垂或线头下挂高度低于3m；电线裸露存在安全隐患	线路下垂或线头下挂高度低于3m；电线裸露存在安全隐患	线路下垂或线头下挂高度低于3m；电线裸露存在安全隐患	线路下垂或线头下挂高度低于3m；电线裸露存在安全隐患	8:00~17:30	清理		1工作日	1工作日	1工作日
		11	违法焚烧垃圾	《杭州市城市市容和环境卫生管理条例》第四十五条第五项、第四十五条第二款	城管局（建管局）、街道（乡、镇）	在公共场所违法焚烧垃圾、树叶、废弃物或存在安全隐患	在公共场所违法焚烧垃圾、树叶、废弃物或存在安全隐患	在公共场所违法焚烧垃圾、树叶、废弃物或存在安全隐患	在公共场所违法焚烧垃圾、树叶、废弃物或存在安全隐患	8:00~17:30	制止		4工作时	4工作时	4工作时

续表

大类代码	大类名称	小类代码	小类名称	法律依据	管理主体	立案规范			采集时间	结案规范		处置时限					
						主要道路	次要道路	背街小巷	其他		I	II	主要道路		次要道路		背街小巷	
													I	II	I	II	I	II
01	市容环境	12	违章接坡	《杭州市市政设施管理条例》第十九条第十项;第六十条第五项	城管局(建管局)、街道(乡、镇)	在车行道与人行道之间设置接坡	在车行道与人行道之间设置接坡	在车行道与人行道之间设置接坡	在车行道与人行道之间设置接坡	8:00~17:30	清除	立案查处	3工作日	3工作日	3工作日	3工作日	3工作日	3工作日
		13	违章挖掘	《杭州市市政设施管理条例》第十一条第一项;第四十七条第一项;第五十八条第一、二项	城管局(建管局)、街道(乡、镇)	未经许可挖掘道路、指河道绿地、绿地和河道(慢行系统、驳坎、挡墙等)	未经许可挖掘道路、指河道绿地、绿地和河道(慢行系统、驳坎、挡墙等)	未经许可挖掘道路、指河道绿地、绿地和河道(慢行系统、驳坎、挡墙等)	未经许可挖掘道路、指河道绿地、绿地和河道(慢行系统、驳坎、挡墙等)	8:00~17:30	恢复	立案查处	2工作日	3工作日	2工作日	3工作日	2工作日	3工作日
		14	临街阳台脏乱差	《杭州市市容环境卫生管理条例》第二十六条第一款;第二十六条第三款	城管局(建管局)、街道(乡、镇)	沿街阳台外脏乱差	沿街阳台外脏乱差	沿街阳台外脏乱差(暂缓)	沿街阳台外脏乱差(暂缓)	8:00~17:30	消除		1工作日		1工作日		1工作日	

续表

大类代码	大类名称	小类代码	小类名称	法律依据	管理主体	立案规范				采集时间	结案规范		处置时限					
						主要道路	次要道路	背街小巷	其他		I	II	主要道路 I	II	次要道路 I	II	背街小巷 I	II
01	市容环境	15	垃圾满溢	《浙江省城市市容和环境卫生管理条例》第二十七条	城管局（建管局）、街道（乡、镇）	垃圾收集设施满溢	垃圾收集设施满溢	垃圾收集设施满溢	垃圾收集设施满溢	8:00~17:30	清除		2工作时		2工作时		2工作时	
		16	部件不洁	《杭州市市容环境卫生管理条例》第十九条第三项、第十九条第二款	城管局（建管局）、街道（乡、镇）	明显不洁（不含锈蚀）	严重不洁（不含锈蚀）	严重不洁（不含锈蚀）	严重不洁（不含锈蚀）	8:00~17:30	清理		1工作日		1工作日		1工作日	
		17	违章排污	《浙江省环境污染监督管理办法》第二十六款；第二十八条第一款	环保局	工业企业向环境排放水污染物	工业企业向环境排放水污染物	工业企业向环境排放水污染物	工业企业向环境排放水污染物	8:00~17:30	制止并消除		7工作日		7工作日		7工作日	

续表

大类代码	大类名称	小类代码	小类名称	法律依据	管理主体	立案规范			采集时间	结案规范		处置时限					
						主要道路	次要道路	背街小巷	其他			主要道路		次要道路		背街小巷	
										Ⅰ	Ⅱ	Ⅰ	Ⅱ	Ⅰ	Ⅱ	Ⅰ	Ⅱ
01	市容环境	17	违章排污	《杭州市市政设施管理条例》第四十七条、第四十九条第二项；《杭州市城市河道建设和管理条例》第四十三条	城管局（建管局）	未经许可擅自设置排水口，向城市河道和道路排放水污染物	未经许可擅自设置排水口，向城市河道和道路排放水污染物	未经许可擅自设置排水口，向城市河道和道路排放水污染物	未经许可擅自设置排水口，向城市河道和道路排放水污染物	8:00~17:30	制止并消除	立案查处	7工作日	3工作日	7工作日	3工作日	7工作日	3工作日
		18	路面污渍	《杭州市市容环境卫生管理条例》第五十二条	城管局（建管局）	道路上存在明显污渍（渗入沥青内，清除难度大的油污暂缓采集）	道路上存在明显污渍（渗入沥青内，清除难度大的油污暂缓采集）	道路上存在明显污渍（渗入沥青内，清除难度大的油污暂缓采集）	道路上存在明显污渍（渗入沥青内，清除难度大的油污暂缓采集）	8:00~17:30	清除		4工作时		4工作时		4工作时	
		19	渣土乱倒	《杭州市市容环境卫生管理条例》第六十条第一款；第六十一条第二款	城管局（建管）、住建局、街道（乡、镇）	乱倒渣土	乱倒渣土	乱倒渣土	乱倒渣土	8:00~17:30	清除	立案查处	4应急工作时	3工作日	4应急工作时	3工作日	4应急工作时	3工作日

续表

大类代码	大类名称	小类代码	小类名称	法律依据	管理主体	立案规范 主要道路	立案规范 次要道路	立案规范 背街小巷	立案规范 其他	采集时间	结案规范 I	结案规范 II	处置时限 主要道路 I	处置时限 主要道路 II	处置时限 次要道路 I	处置时限 次要道路 II	处置时限 背街小巷 I	处置时限 背街小巷 II
01	市容环境	20	绿化积泥	《杭州市市容和环境卫生管理条例》第四十九条	城管局（建管局）、街道（乡、镇）	绿化叶面或绿化设施积泥面积大于 1m²	绿化叶面或绿化设施积泥面积大于 3m²	绿化叶面或绿化设施积泥面积大于 3m²	绿化叶面或绿化设施积泥面积大于 5m²	8:00~17:30	清除		5工作日		5工作日		5工作日	
		21	道路积泥	《杭州市市容和环境卫生管理条例》第五十条	城管局（建管局）、街道（乡、镇）	路面积泥（沙）面积大于 1m²（含交通隔离墩附近）	路面积泥（沙）面积大于 1m²（含交通隔离墩附近）	路面积泥（沙）面积大于 1m²（含交通隔离墩附近）	路面积泥（沙）面积大于 1.5m²（含交通隔离墩附近）	8:00~17:30	清除		4工作时		4工作时		4工作时	
		22	污水横流	《杭州市市容和环境卫生管理条例》第五十二条	城管局（建管局）、街道（乡、镇）	非污水井盖周边路面存在面积大于 0.5m² 的明显污水	非污水井盖周边路面存在面积大于 0.5m² 的明显污水	非污水井盖周边路面存在面积大于 0.5m² 的明显污水	非污水井盖周边路面存在面积大于 1m² 的明显污水	8:00~17:30	清除		1工作日		1工作日		1工作日	

附 录

续表

大类代码	大类名称	小类代码	小类名称	法律依据	管理主体	立案规范			采集时间	结案规范		处置时限					
						主要道路	次要道路	背街小巷	其他		I	II	主要道路		次要道路		背街小巷	
													I	II	I	II	I	II
01	市容环境	23	工地出入口不洁	《杭州市市容环境卫生管理条例》第五十条第一款；《杭州市城市扬尘污染防治管理办法》第五十条第四款	建设局、城管局（建管局）	工地出入口门前道路（大门外公共区域）有泥浆、积泥等不洁问题	工地出入口门前道路（大门外公共区域）有泥浆、积泥等不洁问题	工地出入口门前道路（大门外公共区域）有泥浆、积泥等不洁问题	工地出入口门前道路（大门外公共区域）有泥浆、积泥等不洁问题	8:00~17:30	清除	立案查处	4工作时	3工作日	4工作时	3工作日	4工作时	3工作日
		24	违章垂钓、游泳、洗涤	《杭州市城市河道建设和管理条例》第四十三条、第四十四条	城管局（建管局）	在城市河道内垂钓、游泳、洗涤	在城市河道内垂钓、游泳、洗涤	在城市河道内垂钓、游泳、洗涤	在城市河道内垂钓、游泳、洗涤	8:00~17:30	制止并消除		4工作时		4工作时		4工作时	

255

续表

大类代码	大类名称	小类代码	小类名称	法律依据	管理主体	立案规范				采集时间	结案规范		处置时限					
						主要道路	次要道路	背街小巷	其他		I	II	主要道路		次要道路		背街小巷	
													I	II	I	II	I	II
01	市容环境	25	停车泊位线不清	《浙江省实施〈中华人民共和国道路交通安全法〉办法》第三十一条；《杭州市区道路停车收费考核实施细则》	城管局（建管局）	公共停车泊位线不清晰	公共停车泊位线不清晰	公共停车泊位线不清晰	公共停车泊位线不清晰	8:00 ~ 17:30	恢复		2工作日		2工作日		2工作日	
		26	工业企业大气污染	《浙江省环境污染监督管理办法》第三十四条	环保局	工业企业通过烟囱向大气排放污染物	工业企业通过烟囱向大气排放污染物	工业企业通过烟囱向大气排放污染物	工业企业通过烟囱向大气排放污染物	8:00 ~ 17:30	制止		2工作日		2工作日		2工作日	

附　录

续表

大类代码	大类名称	小类代码	小类名称	法律依据	管理主体	立案规范 主要道路	立案规范 次要道路	立案规范 背街小巷	立案规范 其他	采集时间	结案规范 Ⅰ	结案规范 Ⅱ	处置时限 主要道路 Ⅰ	处置时限 主要道路 Ⅱ	处置时限 次要道路 Ⅰ	处置时限 次要道路 Ⅱ	处置时限 背街小巷 Ⅰ	处置时限 背街小巷 Ⅱ
02	宣传广告	01	非法涂写张贴小广告	《杭州市户外广告设施和招牌指示牌管理条例》第十一、十二、十三和三十二条；《杭州市市容和环境卫生管理条例》第三十八条第一款、第三十八条第二款	城管局（建管局）	非法涂写张贴小广告（单个面积小于一张A3纸，自有建筑物上张贴招工、转让、招租等非促销类广告除外）	非法涂写张贴小广告（单个面积小于一张A3纸，自有建筑物上张贴招工、转让、招租等非促销类广告除外）	非法涂写张贴小广告（单个面积小于一张A3纸，自有建筑物上张贴招工、转让、招租等非促销类广告除外）	非法涂写张贴小广告（单个面积小于一张A3纸，自有建筑物上张贴招工、转让、招租等非促销类广告除外）	8:00～17:30	清除	立案查处	1工作日	3工作日	1工作日	3工作日	2工作日	3工作日

续表

大类代码	大类名称	小类代码	小类名称	法律依据	管理主体	立案规范				采集时间	结案规范		处置时限					
						主要道路	次要道路	背街小巷	其他		Ⅰ	Ⅱ	主要道路		次要道路		背街小巷	
													Ⅰ	Ⅱ	Ⅰ	Ⅱ	Ⅰ	Ⅱ
02	宣传广告	02	违法设置广告牌匾(涂写大型广告)	《杭州市户外广告设施和招牌指示牌管理条例》第十一、十二和三十二条;《杭州市市容和环境卫生管理条例》第三十三条第三款;第三十三条第(一)项;第三十三条第二款	城管局(建管局)	违法依附建筑物立面或设施设置固定式广告牌匾	违法依附建筑物立面或设施设置固定式广告牌匾	违法依附建筑物立面或设施设置固定式广告牌匾	违法依附建筑物立面或设施设置固定式广告牌匾	8:00~17:30	清除	立案查处	10工作日	3工作日	10工作日	3工作日	10工作日	3工作日
					城管局(建管局)	超出店家立面违法设置活动式广告牌匾	超出店家立面违法设置活动式广告牌匾	超出店家立面违法设置活动式广告牌匾	超出店家立面违法设置活动式广告牌匾	8:00~17:30	清除	立案查处	4工作时	3工作日	4工作时	3工作日	4工作时	3工作日

附　录

续表

大类代码	大类名称	小类代码	小类名称	法律依据	管理主体	立案规范				采集时间	结案规范		处置时限					
						主要道路	次要道路	背街小巷	其他		Ⅰ	Ⅱ	主要道路		次要道路		背街小巷	
													Ⅰ	Ⅱ	Ⅰ	Ⅱ	Ⅰ	Ⅱ
02	宣传广告	03	街头散发小广告	《杭州市城市市容和环境卫生管理条例》第三十六条第一款。《中华人民共和国道路交通安全法》第三十一条；第八十九条	城管局（建管局）、交警大队、公安局	街头擅自散发小广告	街头擅自散发小广告	街道擅自散发小广告	街头擅自散发小广告	8:00~17:30	制止		2工作时		2工作时		2工作时	
		04	横幅、直幅乱吊乱挂	《杭州市城市市容和环境卫生管理条例》第三十六条第（一）款	城管局（建管局）	擅自悬挂横幅、条幅或直幅	擅自悬挂横幅、条幅或直幅	擅自悬挂横幅、条幅或直幅	擅自悬挂横幅、条幅或直幅	8:00~17:30	立案	查处清除	1工作日	3工作日	1工作日	3工作日	1工作日	3工作日

续表

大类代码	大类名称	小类代码	小类名称	法律依据	管理主体	立案规范				采集时间	结案规范		处置时限					
						主要道路	次要道路	背街小巷	其他		I	II	主要道路		次要道路		背街小巷	
													I	II	I	II	I	II
02	宣传广告	05	横幅、直幅破损卷曲	《杭州市市容和环境卫生管理条例》第三十六条第二款	城管局（建管局）、街道（乡、镇）	非经营性横幅、直幅或条幅破损、卷曲、脱落	非经营性横幅、直幅或条幅破损、卷曲、脱落	非经营性横幅、直幅或条幅破损、卷曲、脱落	非经营性横幅、直幅或条幅破损、卷曲、脱落	8:00~17:30	恢复		1工作日		1工作日		1工作日	
		06	擅自搭建气模拱门	《杭州市市容和环境卫生管理条例》第三十四条	城管局（建管局）、街道（乡、镇）	未经审批设置	未经审批设置	未经审批设置	未经审批设置	8:00~17:30	清除	立案查处	1工作日	3工作日	1工作日	3工作日	1工作日	3工作日

附 录

续表

大类代码	大类名称	小类代码	小类名称	法律依据	管理主体	立案规范				采集时间	结案规范		处置时限					
						主要道路	次要道路	背街小巷	其他		I	II	主要道路		次要道路		背街小巷	
													I	II	I	II	I	II
03	建设施工	01	施工围护脏乱差（不文明施工）	《杭州市市容和环境卫生管理条例》第五十条第一款、第五十条第二款；第五十条第四款	城管局（建管局）	存在安全隐患，施工无围护，无施工概况牌，物料乱堆，影响道路通行	存在安全隐患，施工无围护，无施工概况牌，物料乱堆，影响道路通行	存在安全隐患，施工无围护，无施工概况牌，物料乱堆，影响道路通行	存在安全隐患，施工无围护，无施工概况牌，物料乱堆，影响道路通行	8:00~17:30	规范	立案查处	2工作日	3工作日	2工作日	3工作日	2工作日	3工作日
		02	占道装修	《杭州市市政设施管理条例》第十九条第一项；第五十八条第二款	城管局（建管局）	未经审批占用市政道路或存在安全隐患，不规范围护	未经审批占用市政道路或存在安全隐患，不规范围护	未经审批占用市政道路或存在安全隐患，不规范围护	未经审批占用市政道路或存在安全隐患，不规范围护	8:00~17:30	制止、清除	立案查处	1工作日	3工作日	1工作日	3工作日	1工作日	3工作日

续表

大类代码	大类名称	小类代码	小类名称	法律依据	管理主体	立案规范				采集时间	结案规范		处置时限					
						主要道路	次要道路	背街小巷	其他		I	II	主要道路 I	II	次要道路 I	II	背街小巷 I	II
03	建设施工	03	占用公共空地装修	《浙江省城市市容和环境卫生管理条例》第十三条第一款	城管局（建管局）	占用市政道路红线与合法建筑物边缘之间的区域或公共场地装修	占用市政道路红线与合法建筑物边缘之间的区域或公共场地装修	占用市政道路红线与合法建筑物边缘之间的区域或公共场地装修	占用市政道路红线与合法建筑物边缘之间的区域或公共场地装修	8:00~17:30	规范		1工作日		1工作日		1工作日	
		04	抛撒滴漏	《杭州市市容和环境卫生管理条例》第五十一条第一款；第五十一条第二款	城管局（建管局）	抛撒滴漏或由此引起的路面不洁	抛撒滴漏或由此引起的路面不洁	抛撒滴漏或由此引起的路面不洁	抛撒滴漏或由此引起的路面不洁	8:00~17:30	清理	立案查处	3工作时	4工作时	3工作时	4工作时	3工作时	4工作时
		05	道路上跳刨	《杭州市市容和环境卫生管理条例》第二十九条	城管局（建管局）、建设（管理）单位	道路上跳刨未及时修补	道路上跳刨未及时修补	道路上跳刨未及时修补	道路上跳刨未及时修补	8:00~17:30	修复		2工作日		2工作日		2工作日	

续表

大类代码	大类名称	小类代码	小类名称	法律依据	管理主体	立案规范				采集时间	结案规范		处置时限					
						主要道路	次要道路	背街小巷	其他		I	II	主要道路		次要道路		背街小巷	
													I	II	I	II	I	II
03	建设施工	01	路面塌陷	《杭州市城市容和环境卫生管理条例》第十九条	城管局（建管局）、建设（管理）单位	已围护	尚未围护	尚未围护	尚未围护	8:00~17:30	围护		2应急工作时		2应急工作时		2应急工作时	
						现场路面尚未恢复	现场路面尚未恢复	现场路面尚未恢复	现场路面尚未恢复	8:00~17:30	完全恢复		5工作日		5工作日		5工作日	
		02	自来水管破裂	《杭州市市政设施管理条例》第十九条、第二十三条，《杭州市城市供水管理条例》第二十七条	自来水公司	水管破裂尚未围护	水管破裂尚未围护	水管破裂尚未围护	水管破裂尚未围护	8:00~17:30	围护		1应急工作时		1应急工作时		1应急工作时	
						已围护尚未修复	已围护尚未修复	已围护尚未修复	已围护尚未修复	8:00~17:30	基本平整		4工作时		4工作时		4工作时	
						现场路面尚未恢复	现场路面尚未恢复	现场路面尚未恢复	现场路面尚未恢复	8:00~17:30	完全恢复		5工作日		5工作日		5工作日	

附　录

续表

大类代码	大类名称	小类代码	小类名称	法律依据	管理主体	立案规范				采集时间	结案规范		处置时限					
						主要道路	次要道路	背街小巷	其他		I	II	主要道路		次要道路		背街小巷	
													I	II	I	II	I	II
04	突发事件	03	燃气管道破裂	《杭州市市政设施管理条例》第十九条、第二十三条，《杭州市燃气管理条例》第十四条	燃气公司	路面破损尚未围护	路面破损尚未围护	路面破损尚未围护	路面破损尚未围护	8:00~17:30	围护		1应急工作时		1应急工作时		1应急工作时	
						已围护尚未修复	已围护尚未修复	已围护尚未修复	已围护尚未修复	8:00~17:30	基本平整		4工作时		4工作时		4工作时	
						现场路面尚未恢复	现场路面尚未恢复	已围护尚未修复	已围护尚未修复	8:00~17:30	完全恢复		5工作日		5工作日		5工作日	
		04	热力管道破裂	《杭州市市政设施管理条例》第十九条、第二十三条，《杭州市城市供热管理办法》第十五条	城管局（建设局）、管理单位	尚未围护	尚未围护	尚未围护	尚未围护	8:00~17:30	围护		1应急工作时		1应急工作时		1应急工作时	
						已围护尚未修复	已围护尚未修复	已围护尚未修复	已围护尚未修复	8:00~17:30	基本平整		4工作时		4工作时		4工作时	
						现场路面尚未恢复	现场路面尚未恢复	现场路面尚未恢复	现场路面尚未恢复	8:00~17:30	完全恢复		5工作日		5工作日		5工作日	

续表

大类代码	大类名称	小类代码	小类名称	法律依据	管理主体	立案规范				采集时间	结案规范		处置时限					
						主要道路	次要道路	背街小巷	其他		I	II	主要道路		次要道路		背街小巷	
													I	II	I	II	I	II
04	突发事件	05	雨水设施堵塞	《杭州市市政设施管理条例》第三十八条	城管局（建管局）、建设单位	雨水管排水不畅或淤塞（沿河系统雨水箅子不畅、淤塞）	雨水管排水不畅或淤塞（沿河系统雨水箅子不畅、淤塞）	雨水管排水不畅或淤塞（沿河系统雨水箅子不畅、淤塞）	雨水管排水不畅或淤塞（沿河慢性系统雨水箅子不畅、淤塞）	8:00~17:30	疏通		1工作日		1工作日		1工作日	
		06	化粪池满溢	《杭州市市容环境卫生管理条例》第五十六条	城管局（建管局）、建设单位	化粪池满溢	化粪池满溢	化粪池满溢		8:00~17:30	疏通		1工作日		1工作日		1工作日	
		07	污水设施堵塞	《杭州市市政设施管理条例》第五十九条	城管局（建管局）、建设单位	污水管满溢	污水管满溢	污水管满溢	污水管满溢	8:00~17:30	疏通		1工作日		1工作日		1工作日	
		08	河水满溢	《杭州市河道建设和管理条例》第三十八条	城管局（建管局）、街道（乡、镇）	河水上涨漫过沿河慢行系统，存在安全隐患	河水上涨漫过沿河慢行系统，存在安全隐患	河水上涨漫过沿河慢行系统，存在安全隐患	河水上涨漫过沿河慢行系统，存在安全隐患	8:00~17:30	设警示标志		4工作时		4工作时		4工作时	

续表

大类代码	大类名称	小类代码	小类名称	法律依据	管理主体	立案规范				采集时间	结案规范		处置时限					
						主要道路	次要道路	背街小巷	其他		I	II	主要道路		次要道路		背街小巷	
													I	II	I	II	I	II
04	突发事件	09	低洼积水		城管局（建管局）、街道（乡、镇）	低洼积水面积超过100m²且深度超过15cm	低洼积水面积超过100m²且深度超过15cm	低洼积水面积超过100m²且深度超过15cm	低洼积水面积超过100m²且深度超过15cm	8:00~17:30	消除		3应急工作时		3应急工作时		3应急工作时	
05	街面秩序	01	流动经营	《浙江省取缔无照经营条例》第二条；第十一条	城管局（建管局）、街道（乡、镇）	流动摊贩（点）1个以上（含）	流动摊贩（点）2个以上（含）	流动摊贩（点）2个以上（含）	流动摊贩（点）2个以上（含）	8:00~17:30	制止		4工作时		4工作时		4工作时	
		02	占道废品收购	《杭州市市政设施管理条例》第十九条第八项；第六十一条第二项	城管局（建管局）、街道（乡、镇）	占用道路、公共场所（广场、公园）堆放收购物品	占用道路、公共场所（广场、公园）堆放收购物品	占用道路、公共场所（广场、公园）堆放收购物品	占用道路、公共场所（广场、公园）堆放收购物品	8:00~17:30	消除		2工作时		2工作时		3工作时	

266

附　录

续表

大类代码	大类名称	小类代码	小类名称	法律依据	管理主体	立案规范			采集时间	结案规范		处置时限					
						主要道路	次要道路	背街小巷	其他		I	II	主要道路		次要道路		背街小巷	
													I	II	I	II	I	II
05	街面秩序	03	出店经营	《杭州市城市市容和环境卫生管理条例》第二十一条第二款；第二十一条第三款	城管局（建管局）、街道（乡、镇）	超出门窗外墙占用空地或合阶（不含市政道路）摆放物品	超出门窗外墙占用空地或合阶（不含市政道路）摆放物品	超出门窗外墙占用空地或合阶（不含市政道路）摆放物品	超出门窗外墙占用空地或合阶（不含市政道路）摆放物品	8:00~17:30	制止	立案查处	4工作时	3工作日	4工作时	3工作日	4工作时	3工作日
		04	机动车乱停放	《浙江省实施<中华人民共和国道路交通安全法>办法》第四十六条；第七十五条	交警大队	严重影响通行	严重影响通行	严重影响通行	严重影响通行	8:00~17:30	制止或查处		4工作时		4工作时		4工作时	
					城管局（建管局）普查	机动车违章占用人行道或停放机动车辆首道停放机动车辆	机动车违章占用人行道或停放机动车辆首道停放机动车辆	机动车违章占用人行道或停放机动车辆首道停放机动车辆	机动车违章占用人行道或停放机动车辆首道停放机动车辆	8:00~17:30	制止	立案查处	4工作时	48小时上网	4工作时	48小时上网	4工作时	48小时上网

267

续表

大类代码	大类名称	小类代码	小类名称	法律依据	管理主体	立案规范				采集时间	结案规范		处置时限					
						主要道路	次要道路	背街小巷	其他		I	II	主要道路 I	II	次要道路 I	II	背街小巷 I	II
05	街面秩序	05	乱堆物堆料	《浙江省城市市容和环境卫生管理条例》第十三条第一款;《杭州市市政设施管理条例》第十九条	城管局(建管局)(普查)(街道(乡、镇))	在道路或公共场所堆物	在道路或公共场所堆物	在道路或公共场所堆物	在道路或公共场所堆物	8:00~17:30	清除	立案查处	1工作日	3工作日	1工作日	3工作日	1工作日	3工作日
		06	商业噪音	《杭州市环境噪声管理条例》第三十四条	公安局	使用高音喇叭等方式招揽顾客	使用高音喇叭等方式招揽顾客	使用高音喇叭等方式招揽顾客	使用高音喇叭等方式招揽顾客	8:00~17:30	制止		4工作时		4工作时		4工作时		
				《杭州市环境噪声管理条例》第三十三条	城管局(建管局)	在商业经营活动中使用空调、冷却塔、切割机、冷响、抽风机、水泵、发电机、空压机产生的噪声污染	在商业经营活动中使用空调、冷却塔、切割机、冷响、抽风机、水泵、发电机、空压机产生的噪声污染	在商业经营活动中使用空调、冷却塔、切割机、冷响、抽风机、水泵、发电机、空压机产生的噪声污染	在商业经营活动中使用空调、冷却塔、切割机、冷响、抽风机、水泵、发电机、空压机产生的噪声污染	8:00~17:30	制止	立案查处	5工作日	3工作日	5工作日	3工作日	5工作日	3工作日

附 录

续表

大类代码	大类名称	小类代码	小类名称	法律依据	管理主体	立案规范			采集时间	结案规范		处置时限					
						主要道路	次要道路	背街小巷	其他		I	II	主要道路 ｜｜ 次要道路 ｜｜ 背街小巷 ｜｜
													I	II	I	II	I	II
05	街面秩序	07	非规范缔无照流动售报点	《浙江省取缔无照经营条例》第二条；第十一条	坡管局（建管局）、报业集团	无售报许可证或有售报许可证，但占道、超范围经营	无售报许可证或有售报许可证，但占道、超范围经营	无售报许可证或有售报许可证，但占道、超范围经营	无售报许可证或有售报许可证，有占道道，但占范围经营	8:00~17:30	制止		4工作时		4工作时		4工作时	
		08	进法古道经营	《杭州市市政设施管理条例》第十九条第八项；第六十一条第二项	坡管局（建管局）	店家未经许可的占用道路从事经营活动	店家未经许可的占用道路从事经营活动	店家未经许可的占用道路从事经营活动	店家未经许可的占用道路从事经营活动	8:00~17:30	制止		4工作时		4工作时		4工作时	
		09	液化气无证经营	《浙江省燃气管理条例》第十九条第一款；第五十一条第二款	坡管局（建管局）	液化气无证经营	液化气无证经营	液化气无证经营	液化气无证经营	8:00~17:30	立案查处	制止	1工作日	3工作日	1工作日	3工作日	1工作日	3工作日

续表

大类代码	大类名称	小类代码	小类名称	法律依据	管理主体	立案规范 主要道路	立案规范 次要道路	立案规范 背街小巷	立案规范 其他	采集时间	结案规范 I	结案规范 II	处置时限 主要道路 I	处置时限 主要道路 II	处置时限 次要道路 I	处置时限 次要道路 II	处置时限 背街小巷 I	处置时限 背街小巷 II
05	街面秩序	10	绿化损毁	《杭州市城市绿化管理条例》第二十一条；第三十五条	城管（建管）局、街道（乡、镇）	非法占用绿地、毁坏植被	非法占用绿地、毁坏植被	非法占用绿地、毁坏植被	非法占用绿地、毁坏植被	8:00~17:30	制止并消除	立案查处	2工作日	3工作日	2工作日	3工作日	2工作日	3工作日
05	街面秩序	11	施放气球（仅针对气球）	《施放气球管理办法》	气象局	未经审批，系留于地面物体上，直径大于1.8m或者体积容量大于3.2m³、轻于空气的充气物体	未经审批，系留于地面物体上，直径大于1.8m或者体积容量大于3.2m³、轻于空气的充气物体	未经审批，系留于地面物体上，直径大于1.8m或者体积容量大于3.2m³、轻于空气的充气物体	未经审批，系留于地面物体上，直径大于1.8m或者体积容量大于3.2m³、轻于空气的充气物体	8:00~17:30	清除或审批		4工作时		4工作时		4工作时	
05	街面秩序	12	马路兜售	《中华人民共和国道路交通安全法》第三十一条；第一百零四条；	交警大队	在车行道中贩卖物品	在车行道中贩卖物品	在车行道中贩卖物品	在车行道中贩卖物品	8:00~17:30	消除		4工作时		4工作时		4工作时	

附 录

续表

大类代码	大类名称	小类代码	小类名称	法律依据	管理主体	立案规范				采集时间	结案规范		处置时限					
						主要道路	次要道路	背街小巷	其他		I	II	主要道路		次要道路		背街小巷	
													I	II	I	II	I	II
05	街面秩序	13	非法占道促销	《杭州市市政设施管理条例》第十九条第八项;第六十一条第二项	坡管局(建管局)	未经审批设置展台或举行促销活动	未经审批设置展台或举行促销活动	未经审批设置展台或举行促销活动	未经审批设置展台或举行促销活动	8:00~17:30	制止	立案查处	4工作时	3工作日	4工作时	3工作日	4工作时	3工作日
		14	违法洗车	《杭州市城市市容和环境卫生管理条例》第四十条第六项;第四十五条第一款第二款	坡管局(建管局)	占用路面从事经营性质的洗车、擦车活动	占用路面从事经营性质的洗车、擦车活动	占用路面从事经营性质的洗车、擦车活动	占用路面从事经营性质的洗车、擦车活动	8:00~17:30	制止并消除	立案查处	4工作时	3工作日	4工作时	3工作日	4工作时	3工作日

续表

大类代码	大类名称	小类代码	小类名称	法律依据	管理主体	立案规范				采集时间	结案规范		处置时限		
						主要道路	次要道路	背街小巷	其他		Ⅰ	Ⅱ	主要道路 Ⅰ Ⅱ	次要道路 Ⅰ Ⅱ	背街小巷 Ⅰ Ⅱ
05	街面秩序	15	公共自行车超范围摆放	《杭州市市政设施管理条例》第十九条第一项；第五十八条第一款	公交公司	占用盲道、超出停车区域摆放影响通行或摆放后人行道宽度不足1.5m	占用盲道、超出停车区域摆放影响通行或摆放后人行道宽度不足1.5m	占用盲道、超出停车区域摆放影响通行或摆放后人行道宽度不足1.5m	占用盲道、超出停车区域摆放影响通行或摆放后人行道宽度不足1.5m	8:00~17:30	清除		4工作时	4工作时	4工作时
		16	报刊亭出亭经营	《杭州市市容和环境卫生管理条例》第二十一条第二款；第二十一条第三款	邮政局、城管局（建管局）	超出报刊亭外摆放经营物品	超出报刊亭外摆放经营物品	超出报刊亭外摆放经营物品	超出报刊亭外摆放经营物品	8:00~17:30	制止		4工作时	4工作时	4工作时

续表

大类代码	大类名称	小类代码	小类名称	法律依据	管理主体	立案规范				采集时间	结案规范		处置时限					
						主要道路	次要道路	背街小巷	其他		I	II	主要道路		次要道路		背街小巷	
													I	II	I	II	I	II
06	普查	01	水质黑臭（污花）	《杭州市城市河道建设和管理条例》第三十七条	区城管局、区林水局、环保局、街道（乡、镇）	河道、水渠水质黑臭或存在大面积污花	河道、水渠水质黑臭或存在大面积污花	河道、水渠水质黑臭或存在大面积污花	河道、水渠水质黑臭或存在大面积污花	8:00~17:30								
		02	施工扰民	《杭州市环境声管理条例》第二十八、二十九、三十条；第四十一条第六、七、八项	环保局、城管局（建管局）	因施工产生噪声，灯光等影响正常生活工作的现象	因施工产生噪声，灯光等影响正常生活工作的现象	因施工产生噪声，灯光等影响正常生活工作的现象	因施工产生噪声，灯光等影响正常生活工作的现象	8:00~17:30								
		03	低洼积水	《杭州市市容和环境卫生管理条例》第十五条	城管局（建管局）、街道（乡、镇）	低洼积水面积超过100m²且深度超过15cm	低洼积水面积超过100m²且深度超过15cm	低洼积水面积超过100m²且深度超过15cm	低洼积水面积超过100m²且深度超过15cm	8:00~17:30								

续表

大类代码	大类名称	小类代码	小类名称	法律依据	管理主体	立案规范				采集时间	结案规范		处置时限					
						主要道路	次要道路	背街小巷	其他		I	II	主要道路		次要道路		背街小巷	
													I	II	I	II	I	II
06	普查	04	路面结冰（积雪）	《杭州市市容和环境卫生管理条例》第十五条	城管局（建管局）、街道、乡镇	路面结冰（积雪）存在安全隐患	路面结冰（积雪）存在安全隐患	路面结冰（积雪）存在安全隐患	路面结冰（积雪）存在安全隐患	8:00~17:30								
		05	流浪乞讨	《城市生活无着的流浪乞讨人员救助管理办法》第七条	民政局	街面流浪乞讨	街面流浪乞讨	街面流浪乞讨	街面流浪乞讨	8:00~17:30								
					交警大队	车行道流浪乞讨	车行道流浪乞讨	车行道流浪乞讨	车行道流浪乞讨	8:00~17:30								
					城管局（建管局）	流浪乞讨人员聚居或摆放物品	流浪乞讨人员聚居或摆放物品	流浪乞讨人员聚居或摆放物品	流浪乞讨人员聚居或摆放物品	8:00~17:30								

续表

大类代码	大类名称	小类代码	小类名称	法律依据	管理主体	立案规范				采集时间	结案规范		处置时限					
						主要道路	次要道路	背街小巷	其他		I	II	主要道路		次要道路		背街小巷	
													I	II	I	II	I	II
06	普查	06	黑车拉客	《杭州市客运出租汽车管理条例》第八条第一项、第二款第一项。《杭州市城市公共客运管理条例》第十八条、第三十八条第一项	交通局	无证从事营运拉客（含无证人力三轮车）	无证定点从事营运拉客（含无证人力三轮车）	无证定点从事营运拉客（含无证人力三轮车）	无证定点从事营运拉客（含无证人力三轮车）	8:00~17:30								
		07	无证导游	《导游人员管理条例》第四条、第十八条	旅游局	无证导游				8:00~17:30								

续表

大类代码	大类名称	小类代码	小类名称	法律依据	管理主体	立案规范					结案规范		处置时限					
						主要道路	次要道路	背街小巷	其他	采集时间	I	II	主要道路		次要道路		背街小巷	
													I	II	I	II	I	II
06	普查	08	非机动车乱停放	《杭州市城市市容和环境卫生管理条例》第十六条第一款；第十六条第二款	城管局（建管局）	占用盲道	占用盲道	占用盲道		8:00~17:30								
		09	障碍设施	《杭州市城市市容和环境卫生管理条例》第十六条第二款	城管局（建管局）	超出停车区域或摆放影响通行	超出停车区域或摆放影响通行	超出停车区域或摆放影响通行		8:00~17:30								
						设施设置占用盲道	设施设置占用盲道	设施设置占用盲道		8:00~17:30								

附　录

续表

大类代码	大类名称	小类代码	小类名称	法律依据	管理主体	立案规范				采集时间	结案规范		处置时限					
						主要道路	次要道路	背街小巷	其他		Ⅰ	Ⅱ	主要道路		次要道路		背街小巷	
													Ⅰ	Ⅱ	Ⅰ	Ⅱ	Ⅰ	Ⅱ
06	普查	10	疑似新建违法建筑	《中华人民共和国城乡规划法》第四十条第一款	城管局（建管局）	疑似新建违法建筑	疑似新建违法建筑	疑似新建违法建筑	疑似新建违法建筑	8:00~17:30								

备注：
1. 管理主体：指具有公共管理职能的部门或具有养护义务的单位。
2. 主要道路：包括一类道路、一类河道及周边、窗口地区、游步道、公园、广场、特色街区。
3. 次要道路：包括二、三类道路、二类河道及周边。
4. 背街小巷：包括一、二类街巷及周边（含僻间路）、城中村。
5. 其他：除了以上三类之外的区域（含三类街巷、未整治河道、未移交区域的相关问题责任单位（产权明确或相关会议纪要规定的除外）。
6. 立案规范：对部分可以依法行使行政强制的案卷，仅采集执入数字城管考核，暂不纳入数字城管考核。
7. 普查处：根据阶段性工作部署或防汛抗台、防雪抗冻期间根据指令进行采集。
8. 街道（乡、镇）含"窗口"地区管委会、景区管理处。
9. "应急工作时"指不间断计时的数字城管信息系统运行时间。
10. 信息来源：上述类别的问题信息采集包含"数字城管信息采集员采集"、"监控视频采集"、"贴心城管"APP上报等几种方式。

参考文献

1. 陈 平. 网格化城市管理新模式 [M]. 北京：北京大学出版社，2006.
2. 杨戌标. 数字化城市管理信息系统标准汇编 [M]. 杭州：浙江大学出版社，2006.
3. 马彦琳. 现代城市管理学 [M]. 北京：科学出版社，2005.
4. 范志伟. 城市管理概论 [M]. 上海：上海交通大学出版社，2012.
5. 毕天平. 城市管理信息系统 [M]. 大连：大连理工大学出版社，2012.
6. 叶裕民. 数字化城市管理导论 [M]. 北京：中国人民大学出版社，2009.
7. 郑国编. 国内外数字化城市管理案例 [M]. 北京：中国人民大学出版社，2009.
8. 麻清源. 数字化城市管理信息平台 [M]. 北京：中国人民大学出版社，2009.